CB014851

Palavra e Sombra

Estudos Literários 37

ARTHUR NESTROVSKI

Palavra e Sombra

Ensaios de Crítica

Ateliê Editorial

Dados Internacionais de Catalogação na Publicação (CIP)
(Câmara Brasileira do Livro, SP, Brasil)

Nestrovski, Arthur
Palavra e Sombra: Ensaios de Crítica / Arthur Nestrovski. – São Paulo: Ateliê Editorial, 2009. – (Coleção Estudos Literários)

ISBN 978-85-7480-467-5

1. Crítica literária 2. Ensaios brasileiros
I. Título. II. Série.

09-12336 CDD-869.909

Índices para catálogo sistemático:
1. Ensaios de crítica: Literatura brasileira 869.909

Direitos reservados à
ATELIÊ EDITORIAL
Estrada da Aldeia de Carapicuíba, 897
06709-300 – Granja Viana – Cotia – SP
Telefax: (11) 4612-9666
www.atelie.com.br / atelie@atelie.com.br
2009
Printed in Brazil
Foi feito o depósito legal

Sprich auch du,
sprich als letzter,
sag deinem Spruch.

Sprich –
Doch scheide das Nein nich vom Ja.
Gib deinem Spruch auch den Sinn:
gib ihm den Schatten.

Paul Celan, "Sprich auch du"

[Fala tu também,
fala por último,
fala tua fala.

Fala –
Mas não separa o não do sim.
Dá também à tua fala este sentido:
dá-lhe sombra.]

Sumário

Apresentação

Se a literatura fosse transparente, não seria preciso crítica. Se o mundo fosse transparente, aliás, nem seria preciso literatura. Palavras e coisas coincidiriam de modo absoluto, na luz de uma verdade sem sombra.

Essa imagem da literatura se dissolvendo no sentido único do mundo é, ela mesma, tão antiga quanto a própria literatura. Mais antiga, até: corresponde a uma aspiração religiosa, capaz de ver num texto a encarnação material do sagrado. Leituras fundamentalistas partem justamente deste pressuposto, de que a palavra não pede outra interpretação, porque responde, em si, à pergunta que propõe.

O espaço literário, por outro lado, se define num contexto secular – o contexto do comentário, onde sentidos se multiplicam sempre, mesmo quando mantêm a esperança de um ponto final. A estrela desce, para nadar "no balanço das palavras errantes", como diz o poeta Celan[1].

1. "Sprich auch du", *Von Schwelle zu Schwelle* (1955).

Nem por isso é menor a tentação de criar um laço direto com a realidade. As distinções entre natural e artificial, e o desejo de apagar a distância entre palavra e experiência compõem dois grandes tópicos da literatura em todos os tempos, e no período moderno, em particular – desde um poema como "The Garden" do seiscentista inglês Andrew Marvell, onde "a mente... recolhe-se à sua felicidade", passando pelo *Prelúdio* do romântico Wordsworth, em que o escritor se vê fadado à "imitação sem fim", até o modernista "Mar Absoluto" de Cecília Meireles, "correndo como um touro azul por sua própria sombra", para ficar só nesses três exemplos, das duas literaturas mais estudadas nesse livro.

A longa e extraordinária passagem sobre o efeito de realidade de um vídeo caseiro (evidência acidental de um crime), no romance *Submundo* de Don DeLillo, e as contradições entre o "máximo de visibilidade" e o "máximo de cegueira" num policial de Luiz Alfredo Garcia-Roza são outros dois casos, entre os inúmeros que se poderiam recolher no universo específico dos textos comentados abaixo. O fato é que, no labirinto de imagens e ideias em que todos vivemos agora, as divisões entre realidade e aparência tornam-se cada vez mais difíceis de discernir, e mais relevantes para nossa orientação. "Autenticidade" e "identidade" eram termos suspeitos, há pouco, no debate ideológico; mas ganham novo interesse nessa era da imagem[2].

Se à literatura cabe, em alguma medida, repercutir a "iconomania" atual, também se dá a tarefa de preservar certo silêncio. A imaginação solidária que os poetas românticos reclamavam há duzentos anos, como forma de resistência ao influxo de informações, parece em vias de esgotamento, face a um novo gótico tecnológico, que vai minando aos poucos nossa capacidade de empatia com o que quer que seja. Tantas réplicas do real se multiplicando ao redor acabam gerando o efeito contrário: vive-se na irrealidade. Não há muito o que nos convença sequer de nossa própria existência. Talvez fosse preciso o talismã da Impe-

2. Sobre este assunto, ver em especial Geoffrey Hartman, *Scars of the Spirit*, New York, Palgrave Macmillan, 2002.

ratriz, a "mulher sem sombra", filha do Rei dos Espíritos, na premonitória ópera de Richard Strauss e Hofmannsthal (estreada em 1919). Livrando-se da consciência de ter visto e vivido tudo, e assumindo o sacrifício até do marido, ela se torna capaz de conquistar sua sombra, que a mantém definitivamente na Terra[3].

O destino da Imperatriz reproduz, alegórica e antecipatoriamente, a ansiedade de uma geração que luta hoje, talvez mais do que outras, para escapar ao ceticismo. Nada mais garante a promessa das palavras. Mesmo a promessa de realidade, atributo essencial da língua, está posta em xeque neste mundo regido pela lei da sobrevivência do mais falso[4]. A vida agora precisa de imagens para se confirmar; ao mesmo tempo, perde sua sombra e seu chão.

Vêm daí reações de um extremo a outro na gama dos afetos. De um lado, tem-se a prosa magra de um narrador como Modesto Carone, no *Resumo de Ana* (1998); ou os diálogos compactos, espécie de representação neutra, em *Nada Mais Foi Dito Nem Perguntado*, de Luís Francisco Carvalho Filho (2001). De outro, as vertigens verbais de um Philip Roth, suficientes para escancarar qualquer reserva de sentido oculto. A comédia, aqui, atinge voltagem de tragédia; e a tragédia ganha acentos que talvez só Thomas Hardy alcançara antes em língua inglesa. Em todos esses exemplos, o uso da primeira pessoa ("eu") envolve doses consideráveis de habilidade. Para liberar a representação de suas censuras, para vencer as torções e calcificações da língua, o escritor faz o que pode: catarse cômica, ou ascese de sentido.

Não causa espanto, assim, a quantidade de obras contemporâneas que se pode descrever, com maior ou menor rigor, como biográficas. Exemplo brasileiro: os romances de Bernardo Carvalho – como *Nove Noites* (2002), onde ficção e reportagem se cruzam em torno à figura de um antropólogo desaparecido e do narrador em busca do passado. Outros autores escolhem o caminho opos-

3. Sobre a ópera *Die Frau Ohne Schatten*, vale a pena ler o ensaio de Roberto Calasso, "La bella tenebra", *I Quarantanove Gradini*, Milano, Adelphi, 1991, pp. 467-72.
4. "Survival ot the fakest", na expressão de Frank Rich (*New York Times*, 26 August 2000).

to, evitando centrar a prosa numa ou mais identidades principais. É o caso de Rubem Fonseca, com sua ficção polifônica, verdadeiro teatro de vozes, outros ainda, como Chico Buarque, combinam o relato na primeira pessoa com seu desmascaramento.

Fora do Brasil, há um viés particularmente notável dessa literatura de identidades; define um repertório de livros voltados para os temas da catástrofe e do trauma. São herdeiros mais ou menos diretos da literatura que surge, em primeira instância, para responder às impossibilidades de representação do Holocausto. Em casos limite, como a poesia tardia de Paul Celan e o cinema de Claude Lanzmann, isto envolve nada menos do que o interdito à imagem (ver "Um Filme Sem Imagens" abaixo, p. 137). Já um escritor como W. G. Sebald, em livros como *Die Ausgewanderten (Os Emigrantes,* 1992) e *Austerlitz* (2001), incorpora fotografias à prosa, num registro indecifrável, que transforma o documento em algo estranho a si mesmo.

São só alguns exemplos de vertentes significativas no panorama da literatura atual. Em todos os casos, a escrita é menos um instrumento identitário (como na tradição do alto modernismo), do que de busca de legitimidade – seja como autor, seja como personagem, seja como leitor. No caso do Brasil, isto tem implicações próprias, e envolve também o exercício da crítica.

Já foi traçado muitas vezes o percurso da nossa crítica literária e não é o caso aqui de repeti-lo em detalhe. Mas será útil lembrar, de modo sucinto, alguns estágios da crítica nas últimas décadas, para que se possa avaliar melhor a situação do momento.

Como explica Flora Süssekind[5], uma primeira grande mudança se dá em meados da década de 1940. A crítica, até então, praticada quase que exclusivamente nos rodapés de grandes jornais, era domínio de comentadores não-especializados, e oscilava en-

5. "Rodapés, Tratados e Ensaios – A Formação da Crítica Brasileira", *Folha de S. Paulo*, "Folhetim", 12.12.1986. Reeditado em *Papéis Colados*, Rio de Janeiro, UFRJ, 1993.

tre a crônica e o noticiário. Os "homens de letras" podiam chegar à distinção de um Álvaro Lins, de um Sérgio Milliet e de um Otto Maria Carpeaux (sem falar em Sergio Buarque de Holanda e Mário de Andrade), cujos textos formam conjuntamente um dos pontos mais altos – senão *o* mais alto – da nossa tradição. Mas a partir daquele momento estabelece-se uma diferença entre esses críticos cronistas e os novos críticos *scholars*, ligados à universidade, e representados, acima de todos, por Antonio Candido.

A virada universitária – impulsionada expressivamente por Afrânio Coutinho – só ganharia alento dali em diante, definindo a autoridade de quem podia falar de literatura no espaço público. Vinte anos depois, os suplementos literários eram alimentados quase que exclusivamente pelos especialistas, à medida que crescia o número de faculdades e programas de pós-graduação em letras. A médio prazo, isto estimularia a adoção de um discurso técnico pouco condizente com a imprensa, o que leva os jornais a se distanciarem da academia. Mais adiante, nas décadas de 1980 e (em parte, ao menos) 1990, cadernos de cultura e suplementos especiais acolhem o crítico ensaísta, que reúne capacitação universitária e prosa acessível ao leitor "médio". É um momento raro, talvez impossível de repetir a curto prazo, quando um número significativo de nomes da universidade, em período de incerteza geral da instituição, descobre uma porta legítima de atividade nos grandes canais do jornalismo.

Cabe lembrar que o papel da crítica jornalística sempre foi marcante num país onde o número de publicações especializadas, exercendo alguma influência na área, é muito pequeno. Ao contrário do que se possa pensar, escutando a habitual censura às insuficiências da crítica, o número e natureza dos textos críticos publicados no jornal ao longo das últimas décadas parece agora surpreendentemente alto. O mínimo que se tem de reconhecer é que boa parcela da discussão cultural mais relevante aconteceu na imprensa, o que não é o caso em muitos outros lugares.

Mesmo hoje, quando a crise geral obrigou os veículos a diminuírem muito o tamanho e o número dos textos de crítica, e quando as editorias de "cultura" (ou "variedades") parecem cada vez mais pautadas pelo espetáculo das opiniões, a imprensa continua mantendo algum prestígio (cada vez menor, é verdade). Nem a tendência à simples enumeração comentada de títulos, estimulada por um mercado editorial cada vez mais competitivo, chega a alterar o fato de que a universidade – de sua parte sem projeto claro, e sem jamais ter recuperado a função de liderança pública que teve durante os anos de resistência à ditadura militar – não se mostrou capaz de inventar fóruns equivalentes de difusão. A tecnologia virtual, que parecia uma solução, restringe-se, de um lado, aos grupos especializados de estudo e, de outro, aos informais bate-papos e *blogs* (só uma minoria deles escapando da anotação trivial, com maior ou menor originalidade, mas sem maiores ambições); e praticamente não há publicações de origem universitária capazes de mobilizar o debate literário num cenário mais amplo. O jornal segue sendo nosso campo prioritário de debates, mesmo se só à margem da massa cotidiana de textos, e cada vez com menos espaço.

Reagindo outra vez, dentro de contigências novas, às contradições entre realidade e representação, a literatura parece agora exigir dos críticos, também – outra vez, e dentro de novas contigências –, não só "uma posição de luta; antes, ou simultaneamente, um máximo de equilíbrio, de lucidez e de *controle* dentro dessa mesma luta", como escreveu Álvaro Lins há sessenta anos[6]. A história se repete, não como tragédia, nem como farsa. Jogado num campo de forças para onde convergem as paixões da academia e do jornalismo, o crítico precisa descobrir alternativas para uma prática consistente da leitura.

Muito resumidamente, são esses os caminhos da literatura e da crítica que se cruzam nos textos deste livro. Com exceção do último, transcrição de uma palestra, e do breve comentário a *Resumo de Ana*, todos os outros foram publicados na *Folha de S.*

6. "A Revista *Clima* de São Paulo e a Nova Geração" (1941), *A Glória de César e o Punhal de Brutus. Ensaios Políticos*, Rio de Janeiro, Civilização Brasileira, 1962.

Paulo. O mais antigo (sobre Rubem Fonseca) é de 1995; o mais recente (também sobre Rubem Fonseca) é de 2002. Neste intervalo, foi possível publicar 38 resenhas na *Folha*, entre os cadernos "Mais!" e "Ilustrada", e também no extinto *Jornal de Resenhas*, encartado mensalmente no jornal. É bem verdade que, no curto intervalo de tempo de lá para cá, a situação tanto da academia quanto do jornalismo parece em boa medida ter piorado, um e outro constrangidos a uma instrumentalização que arrisca ferir o seu sentido mais fundamental. Mesmo assim, os textos ainda servem como evidência de que a relação entre universidade e imprensa não acaba, a despeito das várias mortes anunciadas de uma e de outra. O apocalipse é sedutor, para qualquer jornalista; e os professores, que desde sempre erguem altares à deusa da melancolia, também não escapam das fantasias do fim: o fim da universidade, o fim da literatura, o fim dos cadernos de cultura etc. Visto com benevolência, isto ainda é um sinal, às avessas, de que o vínculo entre arte e vida continua importante para todos nós. Dentro das contingências particulares da cena cultural no Brasil, as rotas que ligam academia e imprensa continuam sendo de alguma importância. Nem o descrédito crescente de uma aos olhos da outra, e vice-versa, afeta esse reconhecimento.

Este livro, portanto, adota para si um papel de amostragem. Não apenas da produção pessoal de um crítico, mas de um crítico que chegava à metade da carreira jogado nessa confluência comum. Existe aí, ainda, um terceiro pólo, que se vai tornando ativo para outros representantes da nossa geração: o campo editorial, que agora assume funções mais típicas dos outros dois. A começar pelo debate de ideias, que em alguma medida parece migrar, de novo, dos suplementos para os livros (e, mais recentemente, para algumas revistas de cultura); a continuar pelo trabalho de recuperação da tradição e, ainda, pela apresentação de novos autores. Observando o tripé em tempo real, não se pode dizer qual será o perfil de um crítico brasileiro engajado na vida literária, neste início de milênio. Mas tudo indica que o controle pedido por Álvaro Lins continua sendo um ideal, mais do que um emblema da crítica. Cada livro que se vai editar, estudar ou resenhar põe em jogo essa multiplicidade de fatores. Cada caso pede soluções próprias, e obriga o crítico a inventar novas formas de autenticidade.

Sendo uma amostragem, o livro tem caráter seletivo. Arbitrário, até: dez livros brasileiros na primeira parte, dez em língua inglesa na segunda. A terceira seção volta-se para o tema da "catástrofe representação" e abre o espectro para outras áreas – fotografia e teatro. Serve, também, de registro de atividade acadêmica, que absorve ali a experiência da crítica. Uma coisa seria escrever a partir da escolha absoluta, livre de circunstâncias pontuais, como o lançamento de um romance ou a encenação de uma peça. Mas o exercício da crítica, enquanto função pública (de orientação e provocação) só se faz em resposta direta aos tempos. Na medida em que isso se mostra, agora, cabe ao livro carregar suas sombras, sempre tão fortes sob o sol do meio-dia no Brasil.

PARTE I

Brasileiros

1

As Três Educações de João Cabral de Melo Neto

"Só duas coisas", dizia ele, conseguiram levá-lo a um poema: "o Pernambuco" e "a Andaluzia". Sertão e Sevilha são os dois polos entre os quais vem se estender o arco dessa poesia, vista em retrospecto pelo próprio poeta pernambucano, ex-cônsul brasileiro na Espanha. Sertão e Sevilha têm outro sentido, ali: um sentido que só se aprende com João Cabral, e que é hoje patrimônio da nossa cultura.

Educação pela pedra, escola das facas: talvez só um escritor nascido e criado num ambiente de português tão rico, como Pernambuco, pudesse se disciplinar para chegar a tamanha magreza da língua. A "elocução horizontal de seus versos" não permite enlevo e desbragamento; nem mesmo a retórica de seu mestre e colega Drummond parece suficientemente "pedra" para as pedras no meio do caminho e por todos os lados da poesia de Cabral.

À sua voz "inenfática, impessoal", corresponde uma "lição de moral", ou "resistência fria", que pôde se traduzir em resistência enfática nos anos em que isso se impôs. A preocupação social na sua poesia nem sempre está explícita, mas nunca fica longe das "fábulas" de "um arquiteto" diurno e solar, votado ao "ar luz razão certa" – seja nas formas (o que é quase um mandamento dessa geração), seja (o que é mais difícil e mais raro) nos sentidos da literatura.

O ar e a luz da Espanha, parentes distantes do agreste, fazem brotar nessa poesia outra vivacidade. A associação entre Sevilha e algo que o próprio Cabral chama "existência fêmea" é constante. Não seria preciso escrever estudos sobre uma "bailadora andaluza" para descobrir, em versos, essa energia nova da percepção. Mas a coincidência da vida espanhola da imaginação com a Espanha em si transporta Cabral para uma outra metade da sua poesia. São poucos os que veem nela um repertório comparável ao primeiro; mas que leitor não habita, hoje, dentro de si, esse outro país que foi João Cabral quem nos mostrou?

Foi lá, também, que ele pôde enfrentar, de frente, uma terceira educação: depois da pedra e das facas, e depois de Andaluzia, a educação pela (ou para) a morte. Volta aos *Agrestes*, depois, mas volta com olho viajado. Volta "às mesmas coisas e loisas", num mesmo "não-verso de oito sílabas", que "apaga o verso e não soa". Como em Elisabeth Bishop, ou Paul Valéry, poetas que ele admirava, sua linguagem mais madura "não agranda e nem diminui". É uma lente que filtra o essencial, "que todos vemos mas não vemos / até o chegar a falar dele".

Juntamente com Drummond, Cabral foi, por consenso, o maior poeta da língua brasileira contemporânea. Mas fora do âmbito da nossa literatura sua poesia não é bem conhecida, a despeito de prêmios e traduções. E mesmo para nós não é tão clara a dimensão que atingirá, vista como um todo, agora que se pode falar de *Obras Completas*. Sua dicção foi muito imitada, e as imitações tendem a perturbar a leitura do original. Mas não se disputa a força de dezenas e dezenas desses poemas; e o cânone do "melhor" Cabral ainda pode se alargar, à medida que formos aprendendo a ler sua poesia.

A presença de Cabral na cultura brasileira era discreta nos gestos, mas tinha a autoridade modesta de sua grandeza, que ninguém contesta. Sua poesia há muito já se deu para as recriações da leitura e do comentário, que não vão acabar nunca. Sempre respeitoso, o poeta manteve distância de polêmicas, e preferiu a solidão de sua própria literatura.

Saiu sem alarde e sem choro, fiel à pedra e às facas, e ao sol a pino de Sevilha. A terceira educação já se anunciava há mais de cinquenta anos, e pode servir de epígrafe para sua vida e sua obra: "Saio de meu poema / como quem lava as mãos".

10.10.1999

2

Modesto Carone: *Resumo de Ana*

Modesto Carone, o tradutor de Kafka, é bem conhecido de todos. Sua tradução (em curso) das obras completas do escritor tcheco é tida, com justiça, como exemplo consumado do que pode esta arte, a que tão poucas vezes se concede reconhecimento. A lógica do sentido em Kafka, compelida à lógica da língua alemã, ganha em português um análogo inesperado, no sentido da língua reinventada pelo tradutor.

Sentido e língua têm outro acento em *Resumo de Ana*[1], o quarto livro de contos de Modesto Carone (depois de *As Marcas do Real*, *Aos Pés de Matilda* e *Dias Melhores*), destinado a torná-lo mais conhecido ainda como autor do que como tradutor. A mesma magreza, ou rigor de estilo do recriador brasileiro de *O Processo*, a mesma prosa no avesso da beleza serve aqui a uma narrativa comoventemente pessoal e brasileira, capaz de inver-

1. São Paulo, Companhia das Letras, 1998.

ter, nalguma medida, a direção da influência. Se é inevitável ler Carone à sombra dos contos e parábolas de Kafka, não é menos verdade que essas memórias de Sorocaba vêm alterar, para todos nós agora, as fantasias kafkianas de Praga. Não são muitos os escritores brasileiros da atualidade de quem se pode dizer algo parecido, o que indica a dimensão alcançada por Carone.

O *Resumo*, na verdade, são dois: duas vidas, recuperadas em seus episódios essenciais. A avó Ana (nascida em 1887) e o tio Ciro (1925) são "fiéis servidores de nossa paisagem", como diz Drummond num poema que serve de epígrafe ao livro e que ilumina obliquamente essas histórias. O poema é uma exortação de ancestrais ao "filho de cem anos depois", seu "fim natural". Há uma narrativa implícita, assim, na relação entre autor e personagens, enriquecida pelo "João Carone" que assina a impressionante foto da capa – um malabarista alemão nos céus de Sorocaba, na década de 1950, o que no contexto dá mais uma volta no parafuso das interpretações.

Numa prosa tão sóbria e controlada, a passagem dessas vidas vividas com tanta dureza até sua realização exemplar, em frases perfeitas, compõe um outro livro, em contraponto à derrocada geral. A narrativa fragmentária, mas coerente de pequenos e grandes desastres, duas vidas caindo numa vertigem lenta, desfazendo-se em miséria, como se obedecendo a alguma lei indecifrável, sugere ainda *outro* livro, preservado nas entrelinhas pela reticência do autor. Sem fazer disto um foco, sem interpretar ou "resumir", este é também um relato sobre o Brasil, redigido com a "tristura meio cômica" a que se refere Drummond, nos labirintos da contingência familiar.

A cada etapa dessas vidas, cada degrau nessa escada abaixo de constrangimentos e ruína, correspondem momentos que a inteligência do narrador resgata como se houvesse um sentido em tudo. Mas só pode haver sentido final se tudo estiver no passado; e o próprio esforço da narração faz pensar que não há limites fixos para a criação, nem para a revelação. Desse ponto de vista, poucos livros, como esse, têm tamanha sabedoria para situar a morte. O respeito do autor pelas vidas narradas não é nunca mais contundente do que no seu desfecho, o que não exclui a consciência do absurdo.

Entre a verdade e o significado, entre o passado e o futuro, essas histórias traduzem a experiência para o presente: um enigma no vértice da interpretação. Sucinto e discreto, mas capaz de levar o leitor mais duro às lágrimas – que aqui são também uma forma de pensar –, *Resumo de Ana* entra serenamente para a literatura brasileira, com a confiança das obras que sabem o que são. Quem tiver olhos para ler, lerá, e saberá se render à arte atenciosa e humana de Modesto Carone.

Bravo!, setembro/1998

Carlos Heitor Cony

Quase Memória

3

Carlos Heitor Cony: *Quase Memória*

É uma sensação estranha começar a leitura do novo romance de Carlos Heitor Cony num quarto do Hotel Novo Mundo, no Flamengo: "O dia: 28 de novembro de 1995. A hora: aproximadamente vinte, talvez quinze para a uma da tarde. O local: a recepção do Hotel Novo Mundo, aqui ao lado, no Flamengo".

Não existem coincidências, como afirma a personagem central do livro, e nada parece mais justo do que a participação involuntária do crítico como quase-personagem deste "quase--romance", como o define Cony. Pois o trânsito entre o que é externo e o que é interno já é um dos temas de *Quase Memória*[1]. Ele está ligado à passagem, ou contaminação de dois tempos, e à recriação, pela memória, de um passado que nos traz até onde estamos, recriando, ou quase-lembrando o passado.

Todas estas questões se cristalizam na relação com "o pai". Este "pai", Ernesto Cony Filho, está e não está entre aspas. Viveu

1. São Paulo, Companhia das Letras, 1995.

no Rio, trabalhou na imprensa, deixou muitos amigos e conhecidos. Mas passa agora a habitar um outro mundo, da literatura. O pai, não por coincidência um Cony Filho, é agora, para todos nós, um personagem de seu quase-pai Cony.

É um personagem mesmo, como se diz, um tipo, um emblema do Rio. Irresistivelmente simpático, com seus milhares de invenções e esquemas, quase sempre frustrados, o pai foi "um camicase que doou a vida pelo objetivo de viver, viver tudo...". "Recebia um bom-dia como uma homenagem" e "todo dia, ao dormir, pensava consigo mesmo: amanhã farei grandes coisas". Capaz de tudo e realizador de quase nada, era o "homem sem rancor", o "homem-fronteira, o desbravador do Maravilhoso", capaz até de fazer chegar ao filho, na recepção do Hotel Novo Mundo, dez anos depois de sua morte, um pacote impecavelmente bem amarrado, com a mesma "técnica" que só o pai tinha para tudo. O pacote fechado, que o filho hesita em abrir, é mais uma evidência da técnica do pai, no caso póstuma, em fazer de si mesmo e do filho duas personagens. Ou será que não?

Obedecendo à tradição dos melhores narradores, o pai "fazia do amigo de infância uma colagem de outros meninos que fora encontrando pela vida, e outros que ia inventando..." E este livro também, uma "quase-memória, ou um quase-romance, uma quase-biografia", vai multiplicando "cenas que costumam ir e vir da minha lembrança, lembrança que somada a outras nunca forma a memória do que eu fui ou do que outros foram para mim".

O texto inteiro é um anedotário do pai: o caso do perfume que explodiu na mão do capitão, o caso da romaria ao Taumaturgo de Urucânia, o caso do balão que voltou, o caso das mangas do cemitério, o caso do sogro que mostrou a bunda ao rei da Bélgica e tantos outros. Através das histórias, o que se relembra, também, é um outro Rio de Janeiro, que quase não existe mais, a cidade mitológica do meio-século, que a própria cidade guarda hoje de si como lembrança e ideal.

Dirigindo pela Barra da Tijuca, de madrugada, no final do livro, Cony, ainda sob o impacto daquela experiência iniciada no *hall* de um hotel que não por acaso se chama Novo Mundo, vê-se a si mesmo "sozinho [...] sobrevivendo de um mundo que acabou". Há uma grande dose de nostalgia neste retrato de um anti-herói de outros tempos – maravilhosamente recapturada, diga-se de passagem, na capa de Victor Burton, misturando relato e ficção, com seu balão, seu 14-bis e seu filhote de jacaré numa Copacabana sem prédios, num céu que é de dia e de noite.

O que o livro tem de mais sedutor, mas também de mais fácil, ou mais fraco está, contudo, precisamente nesta confiança na força das velhas imagens. Como um daqueles discos de choros, comoventes com suas escalas cromáticas e harmonias quase-chopinianas, mas que a gente, afinal, não consegue escutar do início ao fim, a *Quase Memória* cativa e fatiga com seu bricabraque de amigos, ideias, façanhas e casos do pai. O livro, porém, tem outra história para contar.

Em seu prefácio, Cony deixa implícito que, 23 anos depois de seu último romance, *Pilatos* – e vale lembrar que, além desse, ele escreveu um número expressivo de livros que são um marco dessa geração, incluindo *Pessach – A Travessia* (1967) e *Informação ao Crucificado* (1961) – ainda não tinha dito o que queria dizer. "Amanhã não farei mais essas coisas", resume, como se o livro pusesse, agora, um ponto final e definitivo na carreira. Mas o que está, de fato, fazendo nesse livro?

Entre os truques que o pai lhe legou, está o de se "autodefender de memórias devastadoras" e não seria injustificado ver nisto a definição do livro como autodefesa contra a devastação da memória do "pai"; vale dizer, um triunfante exorcismo, utilizando a memória "como cúmplice". "Eu sempre fora sua plateia preferida, ele se produzia, se fabricava para mim", escreve o autor. Mas a sensação agora é quase a oposta: na competição literária e humana travada amorosamente com o pai, é o filho, de fato, quem realiza as grandes coisas que o pai jamais realizou.

Em pequenos detalhes, incidentalmente, vamos aprendendo que, ao contrário do pai, que mentia para quase todos sobre a sua única viagem ao exterior, Cony viajou pelo mundo afora, em condições (reais ou inventadas) de luxo. Os indicadores de uma vida autenticamente confortável se dispersam pelo texto.

O pai manteve fielmente uma amante por muitos anos e acabou casando com ela depois da morte de sua primeira mulher; já o filho Cony deixa pingar na narrativa referências nada casuais à sua "primeira mulher", segunda, terceira e quarta. E Cony, afinal, de contas, é o Carlos Heitor Cony conhecido nos quatro cantos do país, ao contrário do pai, se se pode dizer, *inconnu*.

Um elemento especial nessa relação tão especial é o pacote que o pai escondeu do filho, certa ocasião, na Sala da Imprensa do Palácio, e que talvez seja este mesmo pacote fechado que Cony recebeu no hotel (ou vai receber, dia 28 de novembro). Quem sabe não era este o "projeto muito especial" que o pai nunca mais mencionou? Seja como for, está implicitamente realizado, agora, na *Quase Memória* que o filho escreve com as histórias do pai. Amanhã o pai fará grandes coisas mesmo, porque continuará não as fazendo, gloriosamente e para sempre, nas páginas deste romance, onde se deixa inventar pelo filho que se inventa por ele.

Daí, talvez, o senso de desconforto final do narrador. O livro é uma viagem de retorno ao que nunca existiu, exceto pelo afeto da retrospecção. É uma sabedoria esvaziada, um esforço de comunicação da experiência, ao mesmo tempo superior e inferior ao seu modelo. "A arte da narrativa está chegando ao fim", escreveu Walter Benjamin em 1936 ("O Narrador"), mais ou menos na mesma época em que Ernesto Cony começava sua criação de galinhas e sua empreitada como instalador de antenas. Claramente, não era este o caso na cidade do Rio de Janeiro. Mas no mundo novo de 1995, o significado da narrativa começa a adquirir o mesmo caráter de ancestralidade a que se referia Benjamin.

Se o declínio da narrativa, do relato oral, corresponde, entre outras coisas, à ascenção do romance, então a terra-de-ninguém, o gênero incerto de *Quase Memória* parece, agora, uma expressão da palavra escrita que busca, ou retorna ao reino da falada. A paternidade vai-se desdobrando, figurativamente, por estes labirintos. É difícil saber até que ponto o livro de Cony chega a dominar as ambiguidades dessa condição. Em termos de gênero, é um retorno à grande narrativa, como se fosse quase possível, ainda, a percepção do sentido inexprimível de uma vida. Mas é também a biografia fictícia de si, pela vida do outro. É a biografia, ou vida de um escritor, mais que de um mero pai.

A vida e a morte deste pai, nas páginas do livro, fazem de Cony um exemplo comovente do narrador estudado por Benjamin: "seu romance não é significativo por descrever pedagogicamente um destino alheio, mas porque este destino, graças à chama que o consome, pode nos dar o calor que não podemos encontrar em nosso próprio destino. O que seduz o leitor é a esperança de aquecer sua vida gelada com a morte descrita no livro". Não é o narrador, porém, quem se consome na chama da história? E não antecipa com isso o destino do leitor?

Sobrevivendo de um mundo, ou de um livro que acabou, cada um de nós encantará, como puder, sua solidão. Há muitas formas de quase lembrar, ou reinventar este lindo livro de Carlos Heitor Cony. Não poderia haver outra mais interessante do que a que ele mesmo não vai fazer, amanhã, na nossa quase memória, e nos seus livros.

19.11.1995

Reeditado em *Literatura e Sociedade* (USP), vol. 2, 1997.

4

Rubem Fonseca: *O Buraco na Parede* e *Pequenas Criaturas*

O BURACO NA PAREDE

Com característica elegância e bom senso, Antonio Candido afirma, na introdução a um de seus ensaios, que "traçar um paralelo puro e simples entre o desenvolvimento da literatura brasileira e a história social do Brasil seria não apenas enfadonho mas perigoso", porque nem os fatos históricos são determinantes dos literários, nem a razão de ser da literatura está em sua correspondência aos fatos. No entanto, ao concluir suas reflexões sobre "A Literatura de Dois Gumes", o ensaísta comenta que a literatura latino-americana sempre esteve empenhada "na construção e na aquisição de uma consciência nacional", de modo que "o ponto de vista histórico-sociológico é indispensável para estudá-la"[1]. Este paradoxo – se é que é um paradoxo –

1. Em *A Educação Pela Noite e Outros Ensaios*, São Paulo, Ática, 1987, pp. 163 e 180.

de uma literatura livre da realidade, mas prisioneira da história, serve de emblema para a obra de Rubem Fonseca, como vem sido lida desde *Os Prisioneiros*, de 1963, até este seu novo livro de contos, *O Buraco na Parede*[2].

Tudo somado, são agora 77 contos. Com poucas exceções, são todos exercícios de voz: narrativas na primeira pessoa, com uma dicção e um conjunto de assuntos que se repetem obsessivamente neste universo que é mesmo de repetições e obsessões. O baixo-mundo carioca, contrastado ou combinado ao mundo baixo dos ricos; a violência, as misérias e, vez que outra, a alegria sexual; pequenos negócios e grandes traições; vencedores, injustiçados, justiceiros e perdedores de um cotidiano que, via de regra, se apresenta filtrado pelos olhos e a fala de uma consciência masculina no seu limite – estes são temas que reaparecem no *Buraco da Parede,* revitalizados, agora, talvez inesperadamente, por uma dose de humor.

Mas Rubem Fonseca não é um Nelson Rodrigues dos anos 1990 e nem o humor, nem o domínio da língua, nem muito menos o que Antonio Candido chama de "consciência nacional" aproxima estes dois cronistas do grotesco e do arabesco brasileiro. Um e outro escrevem polifonicamente, misturando alta e baixa cultura; um e outro são críticos da "desmoralização geral" e das perversões de "clero, nobreza e povo" de que já falava um precursor comum, Joaquim Manuel de Macedo, homenageado por Fonseca em "A Arte de Andar nas Ruas do Rio de Janeiro" (em *Romance Negro e Outras Histórias*). Mas o realismo de Nelson Rodrigues é de outra ordem e, pode-se dizer, de uma outra época também.

O que há de mais intrigante e mais difícil nos contos de Rubem Fonseca é a maneira como os seus temas, explicitamente comprometidos com a realidade, com a revelação de uma vida verdadeira e oculta, vêm se traduzir em estilos e vozes não menos explicitamente artificiais. Comenta-se muito a utilização do romance policial e dos filmes B como matrizes dessa literatura que, ao mesmo tempo, volta-se para Homero ou Dostoiévski,

2. São Paulo, Companhia das Letras, 1995.

para Conrad (explicitamente – e desastrosamente – numa das histórias de *Romance Negro*; implicitamente, nesta multidão de Marlowes decaídos que são os seus outros narradores) e E. A. Poe (num dos melhores contos do novo livro, uma farsa a três, redigida em tom de novela de TV – se uma novela pudesse ser escrita por Rubem Fonseca e dirigida por Quentin Tarantino). Com frequência, também, a fala de um personagem é comprometida por expressões fora do lugar, detritos de um português de luxo ("iniquidades", "prevaricações") poluindo a pureza do dialeto suburbano. Em seu excelente posfácio aos *Contos Reunidos*, Boris Schnaiderman define essa textura em termos de um contraponto bakhtiniano, entre "vozes da cultura e vozes da barbárie".

Mas uma leitura à maneira de Bakhtin serve melhor, talvez, aos primeiros livros do que aos mais recentes. Pois o que agora se evidencia, com força redobrada, é a falsidade de todas essas vozes, algo para o qual não há nome na teoria do dialogismo. Nenhuma voz é de verdade neste grande coro. Assim como seu tom é afetivamente neutro, mesmo quando – ou especialmente porque – o que se narra está nas bordas do inominável, também o estilo se esconde em disfarces e pastiches, em "literatura". A tensão tonal vem deste contraste, entre uma escrita que quer, por um lado, ultrapassar a literatura, contar a verdade das coisas, e, por outro, não faz outra coisa senão se valer das formas estilizadas da própria literatura (ou do cinema, da televisão). Nessas vozes, tão humanas, o que se escuta é uma repetição mecânica de palavras, que vai passando seu véu sobre algo de mais humano e terrível.

Desde certos poemas românticos, como "The Thorn" de Wordsworth, passando por Mallarmé e Henry James, até romances e filmes europeus de uma geração atrás (como *O Ano Passado em Marienbad* de Resnais e Robbe-Grillet), e até mesmo algumas composições musicias (Boulez, Sciarrino), há toda uma tradição de obras organizadas em torno a uma ausência, uma falta que paradoxalmente preenche o poema, um vazio pleno que lhe serve de centro. Já nos contos de Rubem Fonseca – incluindo alguns dos melhores e mais aterradores, como os novos "O Anão" e "O Placebo" –, o que se vê sugere o contrário: é como se a escrita, agora, estivesse constantemente no centro, no coração das trevas, mas nem por isto menos vazia. É uma presença esvaziada, uma espécie de contra ou antissublime que o leitor é forçado a reconhecer, por trás dos estilos de plástico da narrativa.

Cada conto tem um caráter de enigma, ou parábola. "Parábola do quê?", pergunta legitimamente cada leitor e cada conto, não menos legitimamente, recusa-se a responder. Uma resposta rápida demais seria "do Brasil". Num outro contexto agora, mas em termos retóricos semelhantes aos que já se vira em *O Cobrador*, ou *Feliz Ano Novo*, cada história reorganiza cenários do que Julia Kristeva descreve como "o abjeto". O abjeto é o expelido, o impossível de contemplar, mas que mesmo assim nos convoca ao lugar onde o significado desaba. É o ambíguo, o misto, o que está no limite e perturba a identidade e a ordem das coisas. Em *Pouvoirs de l'horreur*[3], Kristeva lista "o traidor, o mentiroso, o criminoso de boa consciência, o estuprador sem remorso e o assassino que se diz um redentor" como exemplos de abjeto – e essa lista, para nós, resume um bom número das personagens de Rubem Fonseca, às quais se soma, com especial importância neste novo livro, o *voyeur*.

"O problema", como diz o narrador da primeira história, "é muito complicado." Mas a noção do abjeto nos deixa mais próximos, talvez, de compreender as comédias grotescas e fantasmagorias e até um ou outro momento de alívio em *O Buraco na Parede*. "Que sei eu?", pergunta, na história que dá título ao livro, o amante da pensionista, conversando com outro futuro amante, sem saber que está citando Montaigne. A profanação de significados confere uma certa tristeza a tudo e a todos, que mal se deixa escutar nessas palavras sem ressonância. "Quando entramos no túnel Rebouças ela me disse, eu te amo"; "... e passei o resto da noite apertando o pescoço dele"; "os ossos do meu pai estavam em pior estado..." "Fomos para a cama." Não há mais identificação visível com nada que seja exterior, e não há mais linguagem também para o que é de dentro, porque o interior e

3. Paris, Seuil, 1980.

o abjeto coincidem num espaço vazio, num buraco. Não é exatamente o que se chama de "consciência nacional".

Mas este escritor sem voz própria talvez esteja mesmo, à sua maneira, retratando uma realidade e uma história – menos pelo assunto (previsível, teatralizado) e pelo estilo (ritualizado, tomado de empréstimo) do que pela estranha confluência dos dois numa voz sem afeto. É um retrato parcial e oblíquo, sedutoramente desagradável. Mas não causará grande mal, como dizia Antonio Candido em outro contexto, se o leitor sair com a certeza de que a realidade é de fato muito mais vasta e complexa, e que só as limitações da escrita impediram que isto ficasse claro.

10.9.1995
Reeditado em *Literatura e Sociedade* (USP), vol. 2, 1997.

PEQUENAS CRIATURAS

E se alguém fizesse a pergunta óbvia: afinal, para quem falam todas essas criaturas? E por quê? Toda essa multidão de grandes e pequenos neuróticos, pequenos e grandes farsantes, às voltas com suas próprias farsas e as dos outros, sofrendo males de amor e ódio, em ritmo de comédia e tragédia, no labirinto de vozes desse novo livro de contos de Rubem Fonseca[4] – toda essa gente que não cansa de falar, sem vergonha de confessar as piores coisas... mas confessar para quem?

"O melhor ficcionista não passa de um ventríloco", diz um candidato a autor (em "O Bordado"), depois de ter o nome completo da namorada, Maria Auxiliadora, tatuado no pênis, enquanto espera sua poesia ficar dura. E o leitor-confidente logo desconfia do ventriloquismo, posto que nenhum tatuador Denílson da vida e nenhuma Mara ciumenta diriam "pênis" quando o assunto é

4. São Paulo, Companhia das Letras, 2002.

"pau". E se o ficcionista tem ouvido para fazer duas velhinhas implicantes refletirem sobre as diferenças entre a ofensiva palavra "artrite" e a solidária "artrose" (em "Virtudes Teologais"), fica claro que as sutilezas de registro quebrado não podem ser gratuitas.

Nem sempre funciona, mas esse estilo transversal, que retalha um discurso por outro – seja no plano da linguagem, seja no das personagens e acontecimentos –, é característico de Rubem Fonseca, que embaralha também suas referências literárias, com o mesmo sentido estratégico. Assim, os terrores do enclausuramento, por exemplo, obsessão clássica de Edgar Allan Poe, ressurgem agora (em "Escuridão e Lucidez"), num contexto que traz à luz toda a *sexy* noite escura da alma. E aludindo ainda, quem sabe, às sedutoras teorias da leitura de Paul de Man, autor de *Blindness and Insight* (1971), onde se lê o não menos clássico vaticínio de que "a interpretação não é senão a possibilidade de erro".

A frase poderia servir de epígrafe para *Pequenas Criaturas*; não fosse o fato de o livro já ter outra melhor, extraída da *Vida de Samuel Johnson* (1791), de Boswell: "Nada é pequeno demais para uma criatura tão pequena quanto o homem. É mediante o estudo das pequenas coisas que alcançamos a grande arte de termos o mínimo de desgraças e o máximo de felicidade possíveis". Fazer o grande dr. Johnson citar *A Grande Arte* do dr. Fonseca, com duzentos anos de antecipação, não tem nada de arrogância, nem de *frisson* acadêmico: é só uma entre tantas pequenas graças de um contista que domina suas ironias. Todas essas figuras são como um tabuleiro, ou um teclado, onde ele vem improvisar, com humores diversos e sem preocupação demais, algumas tramas da nossa "vidinha" (como diz outro candidato a Rubem Fonseca, no livro).

Nem toda trama é um trauma; mas "todo trauma é um drama, e vice-versa". A grande metáfora do livro, se não chega a ser o teatro do mundo, é pelo menos o teatro do Brasil (ou do Rio de Janeiro, que não é a mesma coisa, mas serve de emblema). Mas para quem falam, então, as pequenas criaturas dessas três dezenas de contos? Resposta possível: para a plateia. Um livro de monólogos e diálogos, para uma plateia de leitores-espectadores. Hipótese que ganha peso quando se pensa no primeiro conto, "A Escolha", quase uma homenagem a Samuel Beckett, com acentos locais. "É duro o sujeito ter de escolher entre duas coisas que quer muito. Mas a vida é assim", monologa um desgraçado anônimo, balançando entre duas possíveis felicidades: a dentadura nova (para comer "um sanduíche de filé com queijo em pão francês cascudo e torrado") ou a cadeira de rodas (para "zanzar pelo terreno que fica em frente à minha casa, ir até o campo onde os moleques jogam pelada..."). A "escolha" ganha outras conotações, ainda, quando sua filha pergunta se pode trazer a namorada para morar com eles. O conto é um triunfo cômico do não-dito, colorindo o timbre da fala com requintes dignos de um grande encenador.

Vale o mesmo para tantas outras histórias onde: 1. as personagens dizem tanto ou mais pelo tom do que pelo sentido do que dizem; e 2. o leitor é generosamente posto, pelo autor, na condição de compreender melhor o que está em jogo do que as próprias personagens. Mas cabe sempre lembrar que 3. o autor sabe mais do que nós.

Aos 77 anos, chegando a seu décimo-nono livro (sem contar antologias), Rubem Fonseca escreve como mestre consumado de sua própria escola. Dá-se ao prazer de inventar até um ou outro caso com final feliz – "feliz" com a devida dose de absurdo, mas também a sincera parcela de afeto. Isso já era verdade em algumas das *Histórias de Amor* (1997) ou certos amores de *Secreções, Excreções e Desatinos* (2001), para ficar só nesse departamento. Ganha sequência, agora, nas inversões suburbanas de "Família é uma Merda", ou no dom-giovanesco "Caderninho de Nomes", ou no novela-das-sete "Miss Julie". Que ninguém se engane: o erro, a loucura e a bruta estupidez, tríade sagrada na origem das línguas, continua fazendo maravilhas e estragos, mesmo aqui, aos olhos bem-humorados do escritor.

Há uma diferença, contudo, entre as ambições dos primeiros livros, da década de 1960 e 1970 – censurados pelo regime militar, de lá para cá integrados ao cânone popular, escolar e universitário –, e certa serenidade, ou aparente tranquilidade dos mais novos. *Pequenas Criaturas* parece escrito num ritmo televisivo, mais do que o habitual cinematográfico. Até o realismo brutal de certos casos se conforma com limites que são, ao mesmo tempo, de ordem formal e de estilo. Como se o autor tivesse resolvido que a essa altura o que lhe cabe é escrever livremente, na intensidade natural de sua arte, sem ter de disputar a cada palavra um lugar ao sol da literatura. O que houver de irregular no resultado – e certos contos (no começo e no fim do livro) são obviamente mais fortes do que outros – será acomodado pelo contexto. O grande esforço é coletar, para depois exibir, com os traços principais exagerados, essa galeria aberratória de vozes. Uma espécie de antologia de caricaturas, ou caderno de esboços de um escritor-Daumier, cultivando sem exigências supremas a arte de andar pelas ruas do Rio de Janeiro. E com direito a praticar também a autocaricatura.

Aberratória? Mas não está sempre aí, calada ou aos berros, por toda a parte, para quem tiver ouvidos para ouvir? E será que ninguém escuta? Ninguém, vírgula. Não é nada incrível que caia, afinal, sobre os ombros de Rubem Fonseca o dever, ou responsabilidade, de dar voz aos falantes e aos mudos. Faz quase quarenta anos que vem sendo esse o seu dever, desde que assumiu para si o ofício de registrar, com a devida dose de compreensão, e indignação, as palavras das pequenas criaturas que falam, e também das que não falam, em benefício das que podem ler.

Jornal de Resenhas, 11.5.2002
Reeditado em: Milton Meira do Nascimento (org.), *Jornal de Resenhas*, vol. 3 (São Paulo, Discurso Editorial, 2002).

5

Luiz Alfredo Garcia-Roza: *Uma Janela em Copacabana*

"Chegou à conclusão de que perdera simultaneamente o passado e o futuro e procurava o sentido do presente." Isso acontece, não chega a ser raro; mas também não é a reflexão que se espera de um delegado de romance policial, no caminho entre sua casa e a 12ª DP, em Copacabana, depois de uma visita a um sebo.

Mas nem todo delegado se chama Espinosa, nome bom demais para ser verdade. E *é* verdade: uma das mais inesperadas e benquistas verdades da literatura brasileira recente, renovada neste quarto livro de Luiz Alfredo Garcia-Roza[1].

Era o filósofo Theodor Adorno quem dizia, de Proust, que ele não cometia jamais a deselegância de fazer o leitor se sentir mais inteligente que o autor. A frase poderia ser adaptada para a ficção de Garcia-Roza. Faz cada um de nós se sentir mais inteligente do que é, mais experiente, mais vivido, mais afinado com

1. São Paulo, Companhia das Letras, 2001.

as percepções, e nem por isso vacila no exercício de sua própria e superior sabedoria. Que o prazer de pensar se confunde, aqui, com a habitação de uma sensibilidade só reforça o caráter literário até os ossos desse grande estilista – sem nenhum favor um dos grandes mestres internacionais do romance policial.

Que Garcia-Roza, como se sabe (está na orelha dos livros), foi professor titular de teoria psicanalítica e escreveu oito livros acadêmicos seria o bastante para se ler os policiais com um pé atrás. A proximidade entre detetives e psicanalistas é óbvia; e barata. E o nome Espinosa, por si, acende outra luz de alerta: aludir assim explicitamente ao filósofo do pensamento livre, do raciocínio levado às últimas consequências e da ética como campo humano da experiência, seria motivo mais que provável para dar tudo errado. O fato de que há gente hoje querendo ir ao Rio só para conhecer o bairro Peixoto (como há outros que vão visitar o Catete de Machado de Assis) dá a medida do acerto da mistura, onde as forças se somam não para compor uma tese, mas para elaborar o sedutor enigma de um homem chamado Espinosa, delegado carioca.

O encantamento de lugar é uma das tantas marcas do gênero policial, que Garcia-Roza pratica com desenvoltura. *Uma Janela em Copacabana* não é só a história de uma janela, mas a mesma concentração de sentidos num ponto particular do espaço, que anima a ficção de mistério desde o início do século XIX, ressurge aqui associada a... uma janela em Copacabana. Janela onde certo crime é observado por certa mulher, no início do livro, e que funciona como um ímã para a espiral de encontros e desencontros da história.

"O máximo de visibilidade" e ao mesmo tempo "o máximo de cegueira": não soa como uma lei do inconsciente? Já no primeiro romance, *O Silêncio da Chuva* (1996), a mesma ideia era crucial, tanto do ponto de vista psicanalítico quanto criminalístico. E mais uma vez nosso autor tem o cuidado natural e o talento trabalhado de não fazer de cada descrição uma alegoria. A janela é uma janela. O que não significa que seja fácil de interpretar, para o delegado.

É bem verdade que Espinosa "sentia-se como um ficcionista cujos personagens eram as pessoas reais que encontrava", observação que merece ser comparada com a afirmativa, na página de créditos, de que "os personagens e situações desta obra são reais apenas no universo da ficção". Nessa hora, certa vertigem pode tomar conta do leitor. Mas não é a vertigem da loucura; é a vertigem da leitura.

Certas criaturas da ficção, bem entendido, são presenças muito mais reais na vida do que outras tantas, que se encontram sonambulisticamente fora dos livros. Exemplo próximo de nós: o delegado Espinosa, às voltas com seus livros empilhados, seu carro sem bateria e sua torradeira que só queima um lado do pão, envolvido diariamente com seu assistente Welber (dublê "real" de Sancho Pança ou Dr. Watson) e, em ritmo picado (mutuamente conveniente), com a quase perfeita Irene, ex-amante de Olga, uma das vítimas no livro anterior, *Vento Sudoeste* (1999).

Toda a graça delicada dos pequenos incômodos do dia a dia confere ao romance uma aura particular, reconhecível pelo visitante que volta com gosto à prosa de Garcia-Roza. Nenhum detalhe é insignificante, nem para o delegado, nem, com outro sentido, para nós. Não há ingenuidade alguma da parte de Espinosa, nem para interpretar sinais dos outros, nem para avaliar seus próprios sintomas. Vale dizer que o autor respeita seu personagem, como respeita o leitor. Se um e outro se veem traídos depois, isso, como diria Espinosa (o filósofo, não o delegado) talvez seja uma inevitabilidade na ordem natural das coisas.

No romance, ao menos, a ordem das coisas tem um ritmo composto; e o tempo da escrita aqui se deixa modular flexivelmente pelo tempo e pelo clima da cidade. Nem rápido demais, nem devagar demais. Os avanços da história se deixam interromper por calmarias e planuras. Certa lógica de coincidências, certos curtos-circuitos de entendimento fazem homenagem à arte dos precursores (de Sófocles a Cornell Woolrich), que sempre extraíram o máximo das torções e retroversões de uma história. Mas sem exageros de sobredeterminação: só psicanalista de revista feminina vê sentido definido em tudo, ou então detetive de TV. No bairro Peixoto, estamos noutro mundo. ("Crime também é cultura", comenta Espinosa, para um Welber pasmado pela ironia.)

A cultura do crime tinha acento mais baixo em *Achados e Perdidos* (1998); mas o policialato corrupto se expõe de novo aqui, em contraponto com figuras do primeiro escalão da equipe econômica do governo e uma sucessão de mulheres em "e": Celeste, Serena, Irene. Somando Espinosa e Welber, é um verdadeiro mundo da segunda vogal, percorrendo as hieroglíficas ruas do Rio em busca de certezas e felicidades. ("Certeza não é verdade.")

E os assassinos? E os assassinatos? E as testemunhas? Não se conta isso numa resenha de romance policial.

Nem tem tanta importância. Acidentes e crimes são só um arcabouço para que o cenário humano venha se formar mais uma vez. E que prazer enorme habitar esse bairro de novo, a despeito de todos os abusos e aberrações que Garcia-Roza nos faz ver, com um olhar que não chega a ser de denúncia, mas não renega a escola de realismo à qual dedicou, afinal, os primeiros sessenta anos de vida. De lá para cá, foram mais três livros. Fazem dele hoje um dos nomes de frente da nossa literatura, só limitado pelas contingências do gênero que escolheu modestamente praticar.

18.11.2001

6

Bernardo Carvalho: *Os Bêbados e os Sonâmbulos*

"Nada nele era aparente. Não mostrava nada", diz o narrador, com o amante agonizando nos braços. É quase o contrário do que poderia ter dito sobre o novo romance de Bernardo Carvalho, onde tudo se expõe, tudo é aparência, mas nada também se revela, exceto em momentos privilegiados, epifanias que explodem ao longo da narrativa[1]. Em seu terceiro livro, depois do bem acolhido *Aberração* (1994) e dos contos de *Onze* (1995), Bernardo Carvalho vem nos propor riscos ainda maiores, nessa ficção disposta, praticamente contra si mesma, a testemunhar as aberrações absolutas do amor e da morte.

Nada mais difícil para um autor tão consciente das possibilidades e ainda mais das impossibilidades do seu meio. Sua desconfiança traduz-se, desde logo, numa linguagem quase sem *pathos*, numa profusão de pequenas histórias narradas em re-

1. São Paulo, Companhia das Letras, 1996.

gistro neutro. Mas essa neutralidade é ainda mais suspeita para um autor que, apesar de tudo, está sempre do lado da experiência. Sua condição, nada invejável, mas que ele compartilha com alguns dos melhores escritores da atualidade, é precisamente a de reconhecer a natureza do afeto e do sofrimento, sem que a empatia descambe em identificação. O resultado é um romance duplo, onde melodrama e testemunho vão se mascarando e revelando um ao outro.

A duplicidade, aliás, é a alma fugidia desta sequência de histórias dentro de histórias, onde autor e narrador se confundem, pensadamente, com homônimos e narradores de narradores; onde as vozes dividem-se entre países e continentes; e onde a vontade de "não mais ser o que eu era" ressoa como um bordão do início ao fim. E a duplicidade – com ecos demoníacos de Shakespeare e Poe – assume aqui também caráter de gênero, neste romance assumidamente homossexual. Cabe apontar, quanto a isto, a atualidade de um contexto internacional mais amplo, no qual se enquadram escritores como Aldo Busi, Reynaldo Arenas, Alan Hollinghurst e Edmund White, e à luz do qual um romance desses será forçosamente lido. Bernardo tem ambições menos programáticas que a de outros autores brasileiros como Alberto Guzik e Jean-Claude Bernardet; têm também ambições mais altas, nem sempre ao alcance do livro.

Fica difícil recontar ordenadamente o xadrez refinado da forma sem estragar as surpresas de quem não leu. Uma simples lista será o suficiente para sugerir os seus cenários. Há o caso da operação de tumor cerebral da mãe – homenageada traiçoeiramente na dedicatória (verdadeira ou falsa?), como fonte sigilosa da história que não se deveria contar. Há o caso da testemunha acidental, que viu uma mulher sair, com uma criança no colo, das águas da baía, no Rio, depois de um desastre de avião. Há o caso dos pintores cariocas da virada do século, que pintavam uns aos outros como "modelos vivos", depois de mortos. Há o estranho caso do emissário do Museu Metropolitan, que veio tratar desses quadros no Brasil e o caso ainda mais estranho, retomado ao longo dos anos, desse emissário com o narrador.

Há o caso do executivo americano, aparentemente sequestrado durante uma festa no Rio de Janeiro em 1969, e da sua mulher, que ficou. Há o caso do "repatriamento sanitário" do psicólogo louco, encontrado em Los Angeles, Chile (a Paris, Texas do livro). Há o caso do narrador que contou todos esses casos e que domina a segunda parte, supostamente verdadeira, e o caso de como esses casos se ligam, admiravelmente dobrados e redobrados em si.

A habilidade narrativa pode ser o maior trunfo ao autor, mas não é sua maior cartada. Todo o seu esforço é o de não se deixar vencer pelas histórias. O excesso mesmo desses casos, multiplicados em outros tantos episódios parentéticos, sugere que o que interessa está noutro lugar – no inatingível reino que as histórias parecem ocultar. "A consciência é uma armadilha", diz o psicólogo louco, autor de uma série de diagnósticos "como pequenas fábulas". Em seus momentos mais frágeis, porém, é o próprio romance que, inversamente, ameaça se transformar numa série de fábulas como pequenos diagnósticos.

Que o controle das aparências seja calculado para a explosão das paixões – como se a vida toda fosse uma placa sísmica, perpetuamente ameaçada por tremores e erupções – é algo que funciona melhor como instrumento de ritmo do que como lição. E mesmo esse ritmo tende a se tornar insistente demais, uma alegoria do recalcado. O livro, porém, é mais forte que as suas falências e essas imagens recuperadas acabam descrevendo uma outra figura, no limite apenas da compreensão, lá onde o que se sabe ecoa incompreensivelmente. "Os poetas estavam lá antes de nós", escreveu Freud; e Bernardo Carvalho, à sua maneira, chegou antes de nós no terreno do trauma e do testemunho, questões candentes da literatura e da teoria literária contemporânea – mas não (até agora) entre nós.

Neste domínio, não é mais possível afirmar, como Jean-Claude Bernardet em *A Doença, uma Experiência*, que a ironia é "um valor acima de qualquer outro"; e Bernardo é mesmo um escritor sobriamente feroz, indisponível para as alegrias. Sua literatura é mais do jejum que da festa, mais do magro consolo que da reconciliação. As inúmeras coincidências que vão dirigindo a narrativa tem menos de humor do que de paranoia e a tensão da voz só relaxa, artificiosamente, em quase piadas sobre o poder antecipatório da literatura, ou na presença fugaz dos coadjuvantes Henry Kissinger e Emma Thompson, ou em um ou outro registro da comédia (mais geralmente o transe, ou apuro) sexual.

A ferocidade tem sua dose de sentimentalismo, por certo, mas o melodrama, aqui, foi roubado do *melos*, que só ressoa inaudivelmente, em tudo o que não foi dito. E nos dois momentos de clímax, no final da primeira parte e em seu espelho parcial, no fim, quando o autor, virtuosisticamente chegado até lá, abdica então do controle e deixa que a literatura – ou que outro nome se dá para o que não é nem bebedeira, nem sonambulismo – tenha a palavra, e seja capaz, afinal, de dizer o que importa.

Nestes momentos, Bernardo Carvalho transcende os limites que ele mesmo se criou, em narrativas tão ensimesmadas e obsessivas. Daqui para a frente, como diz um narrador, tudo é verdade e o livro completa um retrato do morto que fica fora daquelas pinturas cariocas. É um morto que o livro traz de volta à vida: o último duplo, testemunha e objeto, sobre cujo rosto o romance vem desenhar, com a força de uma compulsão, as feições amorosas e aberratórias de cada leitor.

16.6.1996

Reeditado em *Revista* USP, n. 36, fev./1998.

7

Milton Hatoum: *Dois Irmãos*

"O passado não está nunca definitivamente concluído..." Essa frase, extraída de um romance de Conrad, pode ser lida em contraponto com outra, de seu leitor Milton Hatoum: "a literatura que mais me interessa fala sobre a reconstrução de ruínas"[1]. As inconclusões do passado e a reconstrução do desfeito eram temas de seu livro de estreia, *Relato de um Certo Oriente* (1989). E ressoam agora, como harmonias de fundo, para as rapsódias de *Dois Irmãos*, seu muito esperado novo romance, que confirma o nome do autor entre os mais importantes da sua geração[2].

Um certo Oriente no Amazonas é o cenário por excelência da imaginação de Hatoum, num como noutro romance. É o mundo dos imigrantes libaneses, chegados a Manaus no início do século. Vivem lá e na memória; e a memória dessas memórias, e a ruína

1. *Literatura e Memória. Notas Sobre* Relato de um Certo Oriente, São Paulo, PUC/SP, 1996.
2. São Paulo, Companhia das Letras, 2000.

gradual desses dois mundos é uma rica obsessão do romancista, vendo e pensando a província à distância. Histórias e mais histórias se sucedem scherazadianamente nessa saga familiar. Uma puxa a outra e impele para frente a narrativa. Mas o movimento mais verdadeiro é para trás, anunciado desde a primeira linha: "Zana teve de deixar tudo". O bairro de Manaus: para trás. Para trás, também a cidade da infância: Biblos, nome conveniente ("livro", em grego) para uma personagem tão carregada de fantasmas da literatura.

A matriarca, apaixonada pelo caçula. O marido, pequeno comerciante, infinitamente apaixonado pela mulher. A rivalidade terrível entre os dois irmãos. O amor no limite do incesto entre eles e a irmã. A criada índia, agregada da família, vivendo numa fronteira mal-definida entre subjeição e afeto. Seu filho, fruto bastardo dessas misturas, narrador-personagem do livro. São roteiros previsíveis; mas um dos prazeres da leitura é admirar a elaboração e renovação do conhecido, nos detalhes trabalhados da prosa.

Paixões e sentimentalidades, amores e ódios, ensinamentos e revelações, fábulas, lembranças e condenações formam a seiva grossa que nutre de vida meia-dúzia de personagens fortes. Vistos daqui, talvez nenhum seja mais forte do que o ambiente. Circunstância e vocabulário encenam um teatro à parte. O encantamento das palavras adoça o ouvido desde logo: açucenas, narguilé, cunhantãs. O cupuaçu, o tucunaré, a muirapiranga. Cheiros e frutas e árvores e águas fazem desses trópicos uma paisagem inesquecível, onde o esquecível é revivido, para ser lembrado e esquecido de novo, nos termos da ficção.

O tempo "faz alguém se tornar humilde, cínico ou cético", comenta o narrador. Testemunha e coadjuvante do passado, esse narrador não é (pelo menos não agora, no presente do texto) nem humilde, nem cético, nem muito menos cínico. É um escritor: alguém capaz de transformar vivência em experiência, pelas vias da memória e da palavra.

Mas a memória guarda distinções: escapa sempre ao exotismo, assim como faz o que pode para escapar ao regionalismo. Hatoum é leitor de Osman Lins e Pedro Nava. Que seu romance continue sendo um livro amazonense é uma escolha, não uma fatalidade.

Que o sol e o calor e a chuva e o cheiro das metáforas se cole ao sol e calor e chuva e cheiro da cidade dá a medida do controle do autor, que se mexe sempre com naturalidade, até no que tem de mais artificial. A ficção seduz primeiro; depois, distancia, com suas repetições e constrangimentos. Os dois irmãos começam a soar como alegorias, emblemas de outras divisões que são tanto universais como muito especificamente nacionais.

Omar (convenientemente anagramático de "amor") é o homem que "quer sentir emoção em cada instante da vida", pouco a pouco reduzido a um boneco de paixões negativas e um emblema da falta de propósito. Yaqub é o engenheiro, o empreendedor, o imigrante que dá certo em São Paulo, fazendo negócios, ligado aos militares em plena década de 1960. O ódio entre os dois reencena lutas arquetípicas (com fontes desde a Bíblia até Machado de Assis); e sugere, a seu modo, a reposição de dominações maiores que um e outro.

Yaqub, por certo, não é o único descendente de libaneses formado na Escola Politécnica da USP, com vínculos com a ditadura e fazendo negócios escusos com empreiteiros. O episódio da prisão do professor de francês Laval, declamador de "Os Cegos" de Baudelaire e suposto ex-comunista, é mais um indício de que o livro quer narrar, nas entrelinhas que seja, uma outra história brasileira, que se cruza com as tragédias da família. São ruínas de outra ordem, que também deixam sequelas de outra ordem.

Nos melhores momentos, o livro se equilibra convictamente no fio desse caos. Convicção não é otimismo; mas a transformação implícita do menino Nael nesse escritor de *élan*, não deixa de ser um gesto positivo, em meio a tantas perdas e derrocadas. "Ninguém se liberta só com palavras"; mas a história do outro salvamento, fora da escrita, vai ficar para outro livro, ou para nossa imaginação.

Aqui e ali, alguns deslizes de registro doem no ouvido: expressões como "melopeia de gozo e riso" (para uma cena amorosa), ou "trouxe... o grande sonho, curuminzada" (anunciando uma projeção de filme para as crianças). Só fariam sentido como gestos de distanciamento do escritor Hatoum de seu narrador Nael. O mesmo vale para a construção sentimental (rima com "oriental"?) de certos entrechos e desfechos. Mas isso seria transformar o próprio Hatoum em personagem, também, o que no caso não se justifica. Ou será que sim?

"O passado não está nunca definitivamente concluído", escreveu Conrad; "ele continua agindo em nós com a sua perturbadora ambiguidade". Esse passado, da "casa vendida", é homenageado na epígrafe de Drummond. E é à sombra da sua ambiguidade que Hatoum vai reconstruir ruínas, as ruínas "de uma época que já esquecemos ou pensamos ter esquecido..."

Seu livro termina com um homem sem palavras, à deriva, de costas para tudo. Triste Manaus, triste família, triste Brasil. "Ninguém se liberta só com palavras", mas a vivência vira experiência na prosa do escritor; e a sabedoria de um livro é ganho o bastante, quem sabe, para tanta perda.

11.6.2000

8

Luís Francisco Carvalho Filho: *Nada Mais Foi Dito Nem Perguntado*

"É tudo ficção. Qualquer semelhança [...]". Claro que não. E as frases, que servem menos de escusa legal do que epígrafe, podem ser lidas para além dessa primeira ambiguidade. Num limite metafísico, sugerem o ceticismo total: tudo é ficção, não existe verdade. Mas num limite linguístico indicam outra forma de ceticismo, mais presa ao contexto: as verdades se escondem em suas ficções. É no cruzamento dessas incertezas, retratadas no cenário tragicômico da justiça brasileira, que se instaura o teatro literário de Luís Francisco Carvalho Filho[1].

"Eu sou escritor e estou fazendo um trabalho de pesquisa de linguagem...", explica um inominado "Homem", num dos treze episódios que compõem o livro. (São treze fragmentos, redigidos como peças de teatro, mas inaugurando um gênero novo, entre a ficção, o teatro e a reportagem.) A aparição hitchcockiana de um escritor registrando os diálogos na corte de justiça é um dos raros momentos de autorreferência explícita, num livro escrito

1. São Paulo, Editora 34, 2001.

com sentido refinado de distanciamento e ironia. A explicação não é o bastante para o juiz, que expulsa o escritor da sala.

Pesquisa de linguagem? Pode ser, mas a definição é pequena para a grandeza da empreitada. Porque o que importa, nesse livro de diálogos, é menos a constituição "pura" da linguagem do que as impurezas de sentido, toda a multiplicidade de marcas humanas, sociais, regionais e pessoais que se deixam escutar, num espaço de conflito.

Que o autor tem uma espécie de ouvido absoluto para os registros da fala fica manifesto ao longo do livro inteiro e rende exemplos virtuosísticos – como esses, escolhidos ao acaso: "DELEGADO: Ó a cara do filho da puta", "CHEFE [para o ADVOGADO]: O senhor pode usar o banheiro do gabinete. O juiz não se incomoda", "R...: Aí me levaram para outra sala, em outro andar. Tinha uma geladeira com pernas e braços". Não é fácil escrever assim. Se parece fácil, isso é um tributo à arte discreta de Luís Francisco Carvalho Filho, que controla as nuances da expressão com um senso fantástico de ritmos e acentos. E isso ainda é a parte menos notável deste livro, que abraça um projeto maior.

O ponto crucial na maioria dos casos é aquele onde se dá a passagem da linguagem "real" – quer dizer, oral transcrita – para o texto técnico ditado pelo juiz. (Nos autos de um processo, é sempre o texto ditado pelo juiz que aparece, não a transcrição, palavra por palavra, do que disseram réus, testemunhas e advogados.) Há muitos choques, no correr do texto, entre essa linguagem jurídica, formalizada, e aquilo que "de fato" se depreende do que foi "dito". São choques, em primeiro lugar, de entendimento, quando se toma consciência da sucessão de barbáries que a realidade nacional joga todos os dias no funil dos tribunais. São também chocantes os modos como a formalização do texto legal pode esconder aquilo que qualquer um vê: qualquer um que tenha a sensibilidade e a coragem (face ao risco de parecer sentimental) de pôr em jogo, de novo, as contingências humanas.

"JUIZ: "Sei. Vamos lá: [*Para a escrevente, ditando.*] *Que o réu admite em parte a acusação. Que foi preso pela Guarda quando...*" O texto acaba assim, nas reticências. Às vezes, nem se chega a avançar muito na cena, restrita a um pedaço de diálogo. O mínimo de traços rende o máximo de caracterização. E o caso jurídico, em si, não tem maior importância. Nunca se chega a vereditos. Cada vez de um jeito, o leitor é instigado a refletir sobre o enigma, a encenação de uma chaga, ou sintoma, desconfortavelmente típico e captado, aqui, em instantâneos da fala.

Um cabo que prende dois suspeitos de "homossexualismo" ("um tipo de prostituição") simplesmente porque estavam estacionados numa certa rua, numa certa hora; ou um juiz com interesse sexual na testemunha adolescente são exemplos verossivelmente caricatos. Mas na maior parte dos episódios o que se têm é uma multiplicidade compreensível de motivos, de origens diversas, ativados pelas circunstâncias do teatro jurídico. Esses motivos são todos até certa medida legítimos, mas nem por isso deixam de ser antagônicos. Nem o livro está aqui para arredondar absurdos e culpas, e pintar a responsabilidade dos bons corações.

É verdade que os juízes, de modo geral, não se saem muito bem. O poder do papel transfigura qualquer um, do magistrado mais arrogante ao delegado com instinto de Calígula. Mas a transfiguração de um fato acontecido em relatos, explicações, hipóteses, comentários é uma aflição universal, suportada com graus variados de ingenuidade e consciência. O fato de Luís Francisco ser advogado criminalista está, nalguma medida, implicado nas ficções do livro; e dá um outro tom, não simplesmente antilegalista, a seu quinhão de revolta.

O livro começa num "começo da tarde", no verão, e termina num "fim de tarde" de inverno, numa sala onde se dá o previsível confronto entre dois juízes, um tendo que julgar o outro. Tudo ficção? Da quase comédia nelsonrodriguiana passou-se a outro tipo de olhar. Certa melancolia, mesmo, que se deixa perceber no fundo da raiva controlada e disfarçada da prosa. Que ninguém se engane. Esse pequeno livro é uma grande estreia e fica, desde já, na companhia daquelas outras, poucas obras surpreendentes e necessárias que nossa geração já foi capaz de escrever sobre o Brasil.

3.3.2001

9

Roberto Schwarz: *Sequências Brasileiras*

Não é uma tarefa fácil. Dele se pode dizer o que Adorno escreveu sobre Proust: é alguém que jamais comete a deselegância de deixar o leitor imaginar que seja mais inteligente do que ele. Na sequência de *Um Mestre na Periferia do Capitalismo* (1990) e *Duas Meninas* (1997), essas *Sequências Brasileiras*[1] confirmam a estatura de Roberto Schwarz como uma das vozes centrais na crítica brasileira, e desafiam seus críticos a concordar e discordar dele – duas opções necessárias para se pensar o estado das coisas.

Os 23 textos variam muito de tamanho, formato e ambição. Reunidos aqui estão desde um modesto texto de orelha (para a poesia de Francisco Alvim), uma conversa sobre *Duas Meninas* e duas arguições de tese (de Otília Arantes e Iná Camargo Costa), até um ensaio longo, até agora inédito, sobre Brecht, um debate aprofundado sobre a *Dialética da Colonização* de Alfredo

1. São Paulo, Companhia das Letras, 1999.

Bosi e um conjunto de estudos sobre Antonio Candido, homenageado por Schwarz como modelo do que pode ser um crítico brasileiro, com peso igual nas duas palavras: brasileiro e crítico.

O "programa de desprovincianização" e clarificação da cena cultural, exercido com tamanho sucesso pelo autor da *Formação da Literatura Brasileira*, serve a Schwarz de exemplo também do que pode ser uma conexão ativa entre a vida universitária e o destino da sociedade. A "inserção múltipla e muito espalhada do intelectual" já foi, outrora, um sinal de saúde; hoje em dia tende a significar a capitulação do estudioso face às indigências da academia, de um lado, e o canto das sereias do mercado, de outro. Mas o "valor de conhecimento das leituras" tem ainda, nos escritos do precursor, tanto quanto nos deste seu comentador e continuador, uma prova de relevância.

"Desapequenar" a intelectualidade; compor uma crítica nacional sem descambar no "pituresquismo", ou na "patriotada"; elucidar, na literatura, "a especificidade das relações sociais brasileiras": expressões como essas ressoam, ao longo do livro, como um mandato. Não é preciso se restringir ao Brasil para ser um crítico brasileiro, escreve ele, o que tem de ser lido como uma palavra de cautela: o livro, afinal, só trata de questões diretamente ligadas ao nosso país. Há uma tensão, nas entrelinhas, entre a disponibilidade para pensar problemáticas globais – incontornáveis para um estudioso do capital e do "conceito materialista da tradição" – e o "propósito militante de ampliar a compreensão da atualidade" do Brasil. Essa tensão reflete, afinal, a ambivalência entre os dois pólos, que se multiplica em paradoxos e contradições a cada esquina do argumento.

Num ensaio sobre o "Seminário de Marx", que relembra, com o filtro de trinta anos, os propósitos de um grupo depois muito influente de professores paulistas – onde se inicia a carreira de Schwarz, ao lado de outros como o filósofo José Arthur Gianotti, o historiador Fernando Novais e o sociólogo Fernando Henrique Cardoso – define-se sinteticamente o projeto de entender "a funcionalidade e a crise" das formas de trabalho, das relações persistentes de clientelismo, das condições "irracionais" da classe dominante e da "inserção subordinada da nossa economia" no cenário mundial. As anomalias brasileiras, onde o gosto pela civilização pode se nutrir de um substrato bárbaro e a herança colonial é renovada a cada etapa, requerem, do crítico literário como do historiador, um olho atento para a peculiaridade local. "Elucidar as regressões de que se compõe o progresso" – essa é uma frase que resume, com cadência típica, o interesse vital do ensaísta.

Ninguém tem o olho mais fino que ele para esse tipo de relação. Ativistas históricos do comunismo acabam se tornando suas vítimas; certa "superioridade crítica" transforma-se em "ilusão" à luz do que se aprendeu sobre o stalinismo; Brecht ensina a "rir do capital com base na poesia, e da poesia com base no capital"; as descobertas da arte moderna anticonformista servem hoje à publicidade e ao idioma de autolegitimação da TV etc. Seus estudos sobre Machado de Assis já nos ensinavam a ler, na candura de um narrador como Dom Casmurro, a reprodução involuntária (para ele) de um sistema opressivo.

Seguindo o preceito de Marx, de que "a forma não tem valor se não for a forma do conteúdo", Roberto Schwarz não se cansa de defender a análise detalhada dos textos, em sua condição literária, sem o que o "valor de conhecimento da leitura" aproxima-se mais da doutrina do que da interpretação. Que ele nem sempre cumpra a própria receita pode ser mais uma consequência das circunstâncias em que esses textos foram escritos (a maior parte atendendo a convites para congressos, apresentações, ou resenhas rápidas) do que uma frustração estrutural. Mas a frustração é real para o leitor, que tem o direito de esperar mais de um ensaísta tão agudo do que os comentários cursivos sobre *Estorvo*, de Chico Buarque, ou lembranças de Cacaso, ou a empolgação não inteiramente convincente de seus elogios a *Cidade de Deus*, de Paulo Lins. Era de se supor que a terceira e maior seção do livro, onde estão coletadas essas leituras, fosse um clímax, se não uma apoteose do método; mas o repertório literário é pequeno, e magro demais para os dentes da escrita do autor.

Parte disso se explica, sem dúvida, pelo interesse militante de Schwarz na cena brasileira. Tudo somado, seu interesse pelo Brasil talvez seja maior do que pela literatura; de qualquer modo, não quer pensar a literatura sem pensar sobre o Brasil. Talvez isso explique também a parcialidade relativamente grosseira de alguns pressupostos. Seus ataques repetidos aos críticos formalistas fazem uma caricatura tão injusta, afinal, quanto a que os "formalistas" fazem do Roberto Schwarz da "socioliteratura". Em seus preceitos básicos, estão provavelmente todos de acordo: a literatura tem relação com o mundo social e essa relação precisa passar pelas elaborações da forma, com todas as complexidades que vão surgindo caso a caso.

Mas não há por que afirmar, como princípio, que "a elaboração artística só tem relevância se sua dinâmica interna tem a ver com a dinâmica social". Ou postar-se decididamente contra "a aplicação direta de conceituações estrangeiras", que "esterilizou uma fatia assustadora de nosso ensaísmo" (a censura é mais ampla: qualquer "aplicação direta" tende a ser inadequada; e mesmo as brasileiras também podem ser "ideias fora do lugar").

Pode-se criticar, então, essa irritação de Schwarz com o que, na evidência do texto, ele mesmo não leu com afinco, ou pelo menos não com interesse; e pode-se lamentar a falta de um leque maior de opções a partir das quais lançar suas perguntas. Mas uma resposta, por outro lado, só poderia vir de outras vozes. A eleição do capital como chave de explanação é o ponto de partida inequívoco das ideias de Roberto Schwarz, que se realizam num horizonte de compreensão histórica da arte. Essa é a luz que dá cor e sombra a uma floresta de sutilezas; e sentenças como as citadas acima não são muito mais, afinal, que acidentes destemperados num livro de prosa de dar inveja. Sua luta para "resistir à liquidação da dialética" tem nesses textos um aval. Talvez nenhum outro crítico brasileiro saiba como ele iluminar uma frase de implicações e trazer à tona o seu esqueleto de conceitos e arbitrariedades, tanto retóricas quanto sociais.

Quando fala da "formação" do Brasil, que não vai se formar; quando critica uma "cidadania do mundo", que não existe; quando denuncia o "universalismo infuso da teoria literária", avesso às particularidades; quando se inflama contra a recriação de "outras modalidades de atraso" na sociedade brasileira, sua imaginação se acende, e ele enxerga mais do que qualquer um de nós. A suspeita de que as críticas à sua posição já tenham sido pensadas por ele mesmo, e devidamente deixadas de lado, só fará cada leitor se esforçar, como puder, para pagar o autor na mesma moeda.

São raros os livros de crítica brasileira que oferecem um desafio dessa ordem, tanto mais admirável quando se pensa no caráter quase casual da coletânea. O mínimo que se pode dizer de Roberto Schwarz é que seus escritos são de interesse para qualquer um que queira refletir sobre o país. É difícil prever que sequência podem vir a ter as *Sequências Brasileiras*; mas não é tão difícil imaginar que esse livro, onde se cruzam uma crítica do capital, uma interpretação da sociedade e um estudo das formas literárias, venha a se tornar um ponto de referência, de onde pensar a literatura e o Brasil.

5.9.1999

PARTE II

Língua Inglesa

10

Philip Roth
O Teatro de Sabbath,
Pastoral Americana
e Casei com um Comunista

O TEATRO DE SABBATH

[illegible]

[illegible]

10

Philip Roth, *O Teatro de Sabbath*, *Pastoral Americana* e *Casei com um Comunista*

O TEATRO DE SABBATH

Entre as várias cenas de cemitério espalhadas pela obra de Philip Roth, uma chama a atenção em especial, para um leitor de seu novo romance, *Sabbath's Theater*[1]. Vinte e nove anos antes de nos apresentar o sexagenário artista de fantoches aposentado Mickey Sabbath se masturbando, inesquecivelmente, sobre a tumba de sua amante, Roth ainda podia abrir um romance com outro senhor, bem comportado, em visita ao túmulo da filha e da neta: "Nem rico, nem famoso, nem poderoso, nem mesmo feliz, mas civilizado – era esse o seu sonho de vida" (*When She Was Good*). Sabbath compartilha as três primeiras indiferenças; mas não seria jamais capaz de trocar sua ideia de felicidade por um sonho de vida digna, e demonstra exemplarmente, ao longo do livro, o valor da resistência à civilidade como forma

1. New York, Houghton Mifflin, 1995. Ed. bras. *O Teatro de Sabbath*, trad. Paulo Henriques Britto, São Paulo, Companhia das Letras, 1997.

de ascenção moral. É uma educação pela afronta, autoimposta por este "professor de estranhamento" – a maior criação, talvez, do autor de Portnoy e Zuckerman.

A afronta, no caso, é primariamente sexual. Sabbath é um homem reduzido, "como se fala da redução de um molho, que vai cozinhando no fogo para concentrar sua essência e ser mais desafiadoramente ele mesmo". Ele é o Monge da Foda, o Evangelista da Fornicação, nosso Virgílio pelos caminhos do inferno, e infinitamente vigoroso em seus exercícios de exuberância. "A maioria dos homens tem de encaixar as trepadas em intervalos do que eles definem como ocupações mais importantes: ganhar dinheiro, poder, política, moda, sabe-se lá o que mais – futebol. Mas Sabbath simplificara a vida e ajustara tudo ao redor de trepar."

A sessenta anos do *Trópico de Câncer*, e quase trinta do *Complexo de Portnoy*, não é nada fácil quebrar recordes de obscenidade, mas comparada ao *Teatro de Sabbath* a literatura erótica da atualidade ainda parece tímida. Se Philip Roth tem traços que o ligam familiarmente a Henry Miller, tem muito mais para situá-lo na linhagem dos profetas judeus Franz Kafka e Sigmund Freud, temperados pela leitura de Céline e Joyce (este último homenageado diversas vezes no livro). Neste contexto tão elevado, de uma literatura em estado de incandescência, ou indignação quase constante, até Updike, que rivaliza com Roth como mestre supremo da língua americana e cronista das ambições sexuais, começa a soar um pouco como o bom burguês.

Acusado de assédio sexual e expulso da pequena faculdade onde dava aulas, artrítico, gordo, trapaceiro, sujo e malvestido, Sabbath continua implacável com o escamoteamento das anarquias. A energia vocabular desse homem não tem limites e é impossível resistir às suas façanhas de argumentação. Em seus monólogos e diatribes, o que se assiste é uma verdadeira devastação de adjetivos, cuja força parece se multiplicar na incongruência. Seu único rival é o próprio Philip Roth, o professor do desejo, que se desdobra no duplo, mas permanece um passo além de sua criatura.

Mesmo o leitor viajado deve sentir que coisas assim jamais foram escritas antes; e uma das perguntas que o livro sugere é precisamente até que ponto se pode escrever o sexo. Quem senão Roth seria capaz de redigir, com minúcias de ritmo e vocabulário, a fatídica conversa telefônica entre Sabbath e uma de suas alunas, verdadeira iniciação nos mistérios eróticos da voz?[2] Quem mais poderia escrever a espetacular masturbação de sua mulher (melhor do que "Bernstein regendo a Oitava de Mahler"), que Sabbath reencontra proustianamente nos braços de uma de suas ex-namoradas? E o que dizer dos inúmeros encontros entre Sabbath e sua amante de mais de uma década, a quinquagenária sedutora Drenka, uma imigrante croata, capaz de se satisfazer com quatro homens no mesmo dia, excluindo Sabbath, e que mantém com ele uma relação, se se pode dizer, de total entrega e pureza? Para não falar dos encontros a três, das fantasias com a sobrinha de Drenka, de espetaculares trocas de líquidos de todos os tipos, privadamente ou ao ar livre, da tentativa de sedução da mulher de seu melhor amigo, das liberdades que toma com a *lingerie* da filha do mesmo amigo, das memórias de seu cotidiano sadoamoroso com a primeira e a segunda mulher, e dos saudosos romances com as prostitutas dos portos de Santos e Buenos Aires, em dias de juventude.

Na sequência de *Operação Shylock* (1993), outra grande comédia séria, *O Teatro de Sabbath* é um livro ainda mais ferozmente engraçado, de um humor no limite do terrível, onde o significado desaba em desespero. Sabbath faz referências ao Falstaff de Shakespeare e parece, como ele, apresentar-se para recolher os insultos do mundo e responder dobrado em malícia. Mas também sustenta uma carga enorme de dor e revolta, muito diversa da sabedoria daquele outro sedutor da juventude. "Com seus interesses e sua fluência rabelaisianos, suas fontes profundas de obscenidade, seu senso do sofrimento e da morte como aberrações inaceitáveis, embora inevitáveis, roubando a chance de uma possível e enorme felicidade, Roth está bem equipado para

2. Nicholson Baker seria um candidato; mas *Vox* é uma espécie de pequena música noturna, *eine kleine Nachtmusik*, que se mantém sabiamente distante das grandes apostas de Roth.

seu grande tema", escreveu Frank Kermode, num ensaio elogioso sobre o livro[3]. Integridade, identidade, sexo, morte, teatro: são todos elementos do grande tema, que tem precedentes na Bíblia hebraica e no *Paraíso Perdido*.

É um desafio considerável para o crítico recuperar a vitalidade de Sabbath, um misto de desbragamento carnal, selvageria moral e melancólica consciência das perdas. Tudo, ou quase tudo parece perdido para ele: não só Drenka, único par à sua altura, já morta no início do livro; mas também Nikki, sua primeira mulher, desaparecida, que Sabbath, às vezes, pensa ter assassinado, embora também procure desesperadamente por ela; sua mãe, que retorna dos mortos para conversar com ele; o idolatrado irmão mais velho, morto em combate na Segunda Guerra, e até hoje objeto de culto; ele mesmo, Sabbath, perdido nas vagarias da idade, resistindo à doença, ao isolamento, à pobreza e à ameaça pressentida de impotência; e, afinal, o próprio prazer – se é que esta é a palavra justa para algo tão enorme, verdadeira disciplina mântrica – do sexo: "a noite vai caindo e o sexo, nosso maior luxo, se afasta numa velocidade impressionante, *tudo* se afasta numa velocidade impressionante, e a gente se questiona sobre a loucura de ter desprezado uma única triste trepada".

"Tudo fica para trás", pensa ele consigo, a caminho de um dos enterros que, em conjunto, fazem do livro um digno sucessor do capítulo 6 de *Ulysses*, "tudo se vai, começando com você mesmo e nalgum ponto indefinível você começa a se dar conta de que o seu antagonista mais duro é você mesmo". Em frases como essa, que vão se acumulando da metade para o fim, o romance ganha outros timbres, muito diferentes da malícia brilhante e do ultraje, que marcam a princípio a figura de Sabbath. O livro todo está no limite diabólico da graça; mas do lado de lá, muito além do registro habitual das nossas comédias e tragédias da consciência dividida.

É o adultério a condição amorosa por excelência, para esse homem "preso num processo nada piedoso de autodivisão",

3. "Howl", *New York Review of Books*, vol. XLII, n. 18, November 16, 1995, pp. 20-23.

e cujas ambivalências se multiplicam nos espelhos da autoria literária e da condição de judeu. A trilogia de Zuckerman e *Operação Shylock* são estudos definitivos dessas outras duas aberrações, mas o *Teatro de Sabbath* tem também sua esplêndida dose de desfaçatez autoirônica, suficiente, por certo, para recolher as censuras da crítica normativa judaica. (Boa sorte, diga-se de passagem, ao tradutor que se aventurar pelos meandros deste inglês encrustado de humor judaico e termos em ídiche; para não falar nos pastiches brilhantes de inglês elisabetano e da sintaxe dos adolescentes, ou nas vinhetas de velhos judeus, ou especialmente na linguagem sexual, onde qualquer deslize pode fazer o romance despencar na pornografia.)

O acesso sexual representa para Sabbath a única via de integração humana; mas naturalmente não garante a sua sustentação. Nenhuma outra tentativa, porém, nenhum esforço de reintegração pessoal, chega a ter qualquer sucesso, como ele bem sabe. "Quanto ao 'padrão' que rege as nossas vidas... chama-se habitualmente caos", comenta ele, e insiste: "na minha experiência, a vida se dirige para a incoerência". Noutro momento, em discurso indireto livre, o narrador ou seu duplo tem a visão de si mesmo como "um caixão que guiamos interminavelmente pela escuridão sem quadrante, contando e recontando os eventos incontroláveis que nos induziram à transformação numa pessoa imprevista".

Nenhuma teoria do caos pode dar conta dessa desordem humana; nenhuma empatia ou amizade pode ajudar a interromper a queda livre de Sabbath. Mas sua agressividade heroica encontra um contrapeso no "realismo" de um velho amigo bem sucedido, que de sua parte tem a coragem de suportar as frustrações de uma boa vida sem exuberância. Sabbath está pronto para seduzir a mulher do amigo que o acolhe; mas é ela quem resume, depois de algum vacilo, o caráter dolorosamente caricato desse Lear sem coroa e sem filhas: "emoções primárias, linguagem indecente e sentenças complexas muito bem ordenadas".

A referência a Lear não é casual. Shakespeare vigia, nas entrelinhas, boa parte do que há de mais forte no livro, incluindo uma grande cena no metrô, com Sabbath recitando, literalmente, um trecho da peça. Nalgum sentido inapreensível, em certos momentos, certas nuances, Philip Roth parece ter tido acesso às fontes secretas da sabedoria shakespeariana. Como Shakespeare, também ele faz ressoar a fúria de Isaías, "a maior de todas as vozes da Bíblia... o desejo insano de destruir todas as coisas! O desejo insano de salvar tudo! A maior de todas as vozes da Bíblia... a voz de alguém que perdeu a razão!" A maior de todas as vozes na literatura judaica moderna também é a voz de um louco, erotomaníaco e suicida, urrando no deserto, mas capaz de fazer qualquer um ser maior do que é.

Em seu ensaio sobre "A Psicologia do *Witz* e do Cômico" (1911), o psicanalista húngaro Sándor Ferenczi define o auge do humor como "humor negro, ou macabro: quem for capaz disso, nem mesmo a proximidade da morte pode abater ao ponto de não rir ou sorrir de sua situação"[4]. Talvez não seja possível chamar de macabro o humor de Sabbath, em pleno cemitério judeu de Nova Jersey, recitando as intermináveis inscrições das lápides, amado esposo e amada esposa e amados filhos sem fim, enquanto procura o túmulo do irmão e dos pais, e aproveita para escolher um para si. A lista absurda cai nos ouvidos como a terra da pá do coveiro, mas neste ponto o desespero e a insanidade de Sabbath já o transportaram para além do macabro e do humor. Ele está nas fronteiras do impensável e leva Roth ao limite da literatura.

Essa proximidade, ou interferência entre narrador e personagem é característica de praticamente toda a obra de Roth e confere a Sabbath, no caso, um *status* especial. Pode-se dizer dele, guardadas todas as suas idiossincrasias, o mesmo que o próprio Roth escreveu sobre as figuras da última fase de Kafka: "são retratos do artista, em toda sua engenhosidade, angústia, isolamento, insatisfação, implacabilidade, obsessão, resguardo, paranoia e autocentramento, retratos de um pensador mágico no último limite..." (*Reading Myself and Others*). Ou ainda o que ele descreve, em *Deception*, como a natureza do escritor: "ex-

4. S. Ferenczi, *Obras Completas*, trad. Álvaro Cabral, São Paulo, Martins Fontes, 1991, vol. 1, p. 133.

ploração, fixação, isolamento, veneno, fetichismo, austeridade, leveza, perplexidade, infantilismo... Impureza".

Num dos poucos diálogos que não é nem diretamente erótico, nem conduzido em termos de guerra mental, Sabbath concede um ponto ao espírito do *Eclesiastes*, de que "a vida é uma futilidade, uma experiência profundamente aterradora, e a única coisa realmente séria é a *leitura*". As ironias são sempre difíceis de desemaranhar num texto tão expansivamente a favor da experiência. Entre tantas perdas que vão compondo o luto de Sabbath, nenhuma é mais insistente do que a perda do instante, de cada momento caoticamente arremessado ao passado. Um livro também, se abre e se fecha, mas resta o objeto precioso de luto, uma visão da possível e enorme felicidade, que ressoa do mundo dos mortos na mente dos vivos.

A grandiloquência pode não ser a retórica mais adequada da crítica, mas há certas ocasiões em que a prudência é muito menor que o entusiasmo; e, neste caso, temos o precedente de *Sir* Frank Kermode, o que nos deixa um pouco mais à vontade. Na hora apropriada, nenhum de nós estará mais aqui para saber quem estava errado, mas seria de se admirar se *O Teatro de Sabbath* não fosse reconhecido, desde agora e para sempre, como um grande romance, um dos grandes romances do nosso fim de século.

11.10.1996

Reeditado em Abrão Slavutzky (org.), *A Paixão de Ser. Depoimentos e Ensaios Sobre a Identidade Judaica* (Porto Alegre, Artes e Ofícios, 1998).

PASTORAL AMERICANA

"Você é o Zuckerman? ... O escritor?"

"Eu sou o Zuckerman, o escritor."

Estamos no início do livro, na saída de um jogo de beisebol, e reencontramos aqui nosso velho, mas não necessariamente estimado amigo Nathan Zuckerman, *alter ego* explícito ou implícito do autor e personagem central dos últimos dez livros de Philip Roth, desde *The Ghost Writer* (1979) até *O Teatro de Sabbath* (1995). Em *Deception* ele muda de nome, para "Philip"; e em *Operação Shylock* para "Philip Roth", assim como nos autobiográficos *Patrimônio* e *Os Fatos*. Todos, incluindo ainda o prodigioso Mickey Sabbath, são duplos de um autor que a esta altura já é o duplo de seu personagem e que agora, com a *Pastoral Americana*, vem descobrir o mais inesperado duplo do duplo na figura do bem comportado judeu burguês Seymour Irving Levov[5].

Melhor conhecido como "Swede" (Sueco), ele é o "monarca da vida ordinária", nas palavras de seu irmão Jerry – o irmão que, vivo ou morto, atormenta a vida desses homens. O pós-judeu Seymour, casado com a pós-católica Dawn (Aurora) Dwyer, a Miss Nova Jersey de 1949, construiu para si uma vida impecável, no melhor padrão da burguesia protestante americana: dirige um negócio milionário, uma fábrica de luvas; mora num sítio, numa região de republicanos ricos; ex-atleta e ídolo na escola, encontrou a mulher com quem forma um par de capa de revista, mimando a filha única. "Ele tem, ao que parece, uma vida perfeita", escreve Louis Menand, numa resenha elogiosa na revista *New Yorker* (19.5.1997) – "e o que você acha que vai lhe acontecer?"

Só o título, *Pastoral Americana*, já seria o bastante para gerar as piores expectativas em qualquer leitor de Roth. Ler Roth é uma educação, uma exaltação, um acontecimento; mas não é propriamente um consolo. E uma pastoral composta pelo autor do *Complexo de Portnoy* também não há de ser exatamente um poema bucólico. Os temas de Roth/Zuckerman continuam os mesmos, bem sintetizados por Elizabeth Hardwick (*The New York Review of Books*, 12.6.1997): os judeus no mundo, especialmente Israel; os judeus na família; os judeus em Newark, Nova Jersey; a fama, grande o bastante para incentivar os impostores; a literatura; Philip Roth; e o sexo. John Updike, seu grande rival

5. Boston, Houghton Mifflin, 1997. Ed. bras. traduzida por Rubens Figueiredo, São Paulo, Companhia das Letras, 1998.

(platônico) na ficção contemporânea americana, é mais sucinto ainda: "Israel, ereção e literatura" (*Odd Jobs*).

Newark é a Combray de Roth, o paraíso perdido, relembrado com especial afeto na primeira parte do novo romance. Uma festa de 45 anos de formatura é a ocasião para revelações dignas da grande matinê no último volume de *Em Busca do Tempo Perdido*. E é no fim da festa, dançando com uma antiga colega de ginásio que Zuckerman, depois de rever Jerry Levov e saber notícias do seu irmão, começa a sonhar uma explicação para a vida insuspeitadamente dolorosa do Sueco – seu herói de adolescência, o judeu mais *goy* de todos, o homem sem ironia. O resto do livro, mais de trezentas páginas, é essa história ou sonho de Zuckerman.

"Explicação" não é a melhor palavra para as relações entre narrativa e conhecimento. Mas a compreensão pela tragédia tem antecedentes clássicos e a *Pastoral Americana* é a tragédia grega de Roth, um livro digno de comparação com o *Prefeito de Casterbridge* de Thomas Hardy, ou com *O Teatro de Sabbath*, do próprio Roth, já que ele é hoje virtualmente o único padrão possível de comparação para si mesmo. Comparações e coincidências com o último romance de Updike, *Na Beleza dos Lírios*, são inevitáveis e surpreendentes (ver p. 87). É curioso, no mínimo, que um e outro tivessem simultaneamente nos dado figuras de mulheres gagas: a estrela de cinema Alma, *alter ego* irônico de Updike, e a filha do Sueco, Merry, a menina "atacada pelas palavras e obstinadamente atacando as palavras de volta". Um e outro nos dão descrições admiráveis da vida do interior e de atividades industriais, minuciosamente estudadas (o livro de Roth é um verdadeiro tratado sobre os processos de curar couro e a fabricação de luvas!).

Um e outro, também, estão escrevendo romances de fim de século, preocupados em entender, retrospectivamente, o que se passou com a cultura americana. Nisso, aliás, estão em grande companhia, naquela que já é, desde já, uma das mais extraordinárias safras de romances americanos: além de Roth e Updike, podem ser citados *Mason and Dixon* de Thomas Pynchon, *Put-*

termesser Papers de Cynthia Ozick e *The Actual*, de Saul Bellow, sem falar no vasto romance de Don DeLillo, *Underworld* (*Submundo* [ver p. 93]), que recria cinquentas anos de vida durante a guerra fria; e ainda – mais próximo de Roth – *The Old Religion* de David Mamet, a história de um judeu acusado de estupro no sul dos Estados Unidos.

O diagnóstico em cada caso é diferente, mas igualmente sombrio. A Merry de Roth, a menina sofredora e sensível, torna-se uma adolescente incompreensiva e incompreensível, uma militante raivosa anti-Vietnam, nos anos da administração Lyndon Johnson. Acaba bombardeando um armazém, assassinando acidentalmente o médico da cidade. Desaparecem aí todos os sonhos de felicidade, toda "utopia de uma existência racional" do Sueco. Daqui para a frente, ele há de ver muita coisa mais desmoronar, na sequência da perda dessa filha, "que o transporta para longe da tão longamente esperada pastoral americana, até a sua antítese e seu inimigo, até a fúria, a violência e o desespero de uma contrapastoral, a insanidade americana nativa".

Não há figura mais oposta ao Sueco do que o Mickey Sabbath do romance anterior. Mas duas frases de Sabbath aplicam-se – pode-se dizer, neste caso especialmente, como uma luva – ao seu antípoda: "quanto ao padrão que rege as nossas vidas... chama-se habitualmente caos"; e "na minha experiência, a vida se dirige para a incoerência". Sabbath é um artista furioso, vivendo de afronta e pânico; o Sueco é um bom sujeito, o Leopold Bloom de Roth (com direito à sua Molly e ao Blazes Boylan dela também). Sabbath não pode morrer porque "tudo o que ele odiava estava aqui"; já para o Sueco "tudo o que ele amava estava aqui". Mas ambos aprendem, no curso de um e outro romance, "a pior lição que a vida pode ensinar: que ela não faz sentido". Em tons inesperadamente moderados, agora que o narrador Nathan Zuckerman já extraiu a próstata e confessa problemas de incontinência urinária e potência sexual, este livro tão triste vai se transformando numa crônica da devastação: a ruína de Newark, depois dos conflitos raciais de 1967; a ruína inexplicável de um ideal de vida; a ruína de vinte anos de boa vizinhança;

a ruína do casamento e da família; a ruína do ego, que não tem aqui nem ao menos o consolo do humor.

Toda a ficção de Roth parece decidida a encontrar uma terceira via para a literatura moral judaica, entre as fantasias da ambivalência em Freud e a interpretação impossível em Kafka. O que Harold Bloom chama de "exuberância negativa" realiza-se melhor nas grandes cenas de diálogo e no humor alucinatório de romances como *A Orgia de Praga* e *Operação Shylock*. Mas o longo diálogo entre pai e filha, no centro da *Pastoral*, bem como as quase 150 páginas de um jantar na casa do Sueco – outra cena proustiana, onde o trivial é a porta do abismo – guarda uma outra espécie de inteligência, a sabedoria última da incompreensão. "É como se estar afinado com a vida fosse um acidente... para o qual os seres humanos não tivessem a menor afinidade."

Foi Kafka quem escreveu essa frase talmúdica: "a culpa não é uma coisa de que se possa duvidar" (*A Colônia Penal*). Mas a incompreensão do Sueco não vem da dúvida, e sim da irracionalidade do castigo, nesta versão americana do *Livro de Jó*. É a mesma irracionalidade que inexplica o romance familiar ("todo mundo tem uma família. É lá que tudo dá sempre errado"), ou o casamento ("o que nos leva a escolher um parceiro para a vida? Ou será que no âmago de cada casamento há algo de irracional e indigno e estranho?"). Traição, fraude, malícia e desunião vão corroendo o universo amável do Sueco, até reduzir a existência a um cenário de caos e crueldade, entrevisto apenas por trás da fachada heroica de normalidade.

Não há uma palavra na prosa de Roth que não se equilibre, com a mais extraordinária tensão literária, nas cordas bambas da sintaxe e do significado. Há várias peças de exibição espalhadas pelo livro: o diálogo entre o pai e a noiva do Sueco; o telefonema entre Jerry e o irmão, depois que este descobre o paradeiro da filha, renascida para o mais miserável ascetismo indiano anos 70; a descrição do concurso de Miss América (outro paralelo com o romance de Updike); a multiplicação de diálogos na reunião de ex-alunos, no início, e no jantar dos Levovs, no fim do livro, onde um deslize verbal é o bastante para deflagrar uma torrente de sentimentos e sofrimento.

Elevado às alturas de uma imaginação literária suficientemente forte para aceitar o próprio desafio, Philip Roth continua, aqui, a trajetória iniciada com *Operação Shylock* e *O Teatro de Sabbath,* dois outros romances definitivos da década. Com uma espécie de ouvido absoluto para as vozes e uma lucidez que é quase uma forma de martírio, ele está escrevendo num gênero próprio, onde, por trás da convenção realista, se articulam poesia, ficção, profecia, comédia, crônica e tragédia. Um bom nome para isso é "pastoral": a separação eterna entre consciência e mundo, que assume aqui uma forma dolorosamente atual e americana.

22.6.1997

Incluído em "USA Today: Três Romances." *Revista USP*, n. 41, maio/1999.

CASEI COM UM COMUNISTA

Resenhando o primeiro livro de Philip Roth, *Goodbye, Columbus*, em 1959, o crítico Baruch Hochman chamava a atenção para "a raiva descontrolada de seus personagens"[6]. Quase quarenta anos depois, Roth descobre, num novo personagem, a raiva como dádiva ou bênção: "uma das maiores coisas que os Estados Unidos ofereceram aos judeus. [...] Os Estados Unidos [nas primeiras décadas desse século] eram o paraíso para um judeu raivoso".

"Roth", em inglês, fica próximo de "wrath" (raiva); e não é por acaso que a figura central de seu novo livro, *I Married a Communist* (*Casei com um Comunista*)[7], chama-se "Ira" Ringold. Saído do nada, passado por tudo, desde minas de zinco em Nova Jersey até o estrelato na era do rádio e a perseguição política, Ira é o terceiro grande personagem masculino de Roth, numa sucessão

6. Esta e outras resenhas podem ser consultadas numa página da Internet: http://www.mason.gmu.edu/~reastlan/roth
7. New York, Houghton Mifflin, 1998. Ed. bras. traduzida por Rubens Figueiredo, São Paulo, Companhia das Letras, 2000.

impressionante de romances, iniciada com *O Teatro de Sabbath* (1995) e continuada com *A Pastoral Americana* (1997). *Operação Shylock* (1993) parece, agora, um prelúdio bem-humorado para a trilogia infernal desses últimos livros. E *Deception* (1990), um improviso de malícia sexual na virada da década, que marcou também a virada de Roth e sua reinvenção como o mais importante romancista americano vivo.

Irmãos e duplos têm assombrado os seus livros desde as epifanias edipianas de Alexander Portnoy (em *O Complexo de Portnoy*), passando, entre outros, pelo escritor Nathan Zuckerman (de *Zuckerman Bound* e *The Counterlife*) e pelo "Philip Roth" de *Patrimônio* e *Operação Shylock*. Quem conta a saga de Ira é seu irmão mais velho Murray, professor de literatura aposentado, que aos noventa anos reencontra seu antigo aluno Nathan Zuckerman – hoje um recluso, vivendo sozinho no interior do interior. Ira foi o ídolo e mentor político e sentimental do adolescente Nathan. Mas é só agora, no detalhado teatro da memória do irmão, que Nathan vai descobrir a história do ator de rádio "Ira Rinn", defensor dos direitos do povo e propagador incansável das teorias da vida justa. O mccarthismo acabou com a carreira de Ira; mas são tantas as forças humanas em jogo que é impossível isolar uma causa maior em meio às contradições, paixões, frustrações e equívocos. "Só o que existe é o erro", comenta Murray. "É *isto* o coração do mundo. [...] É *isto* a vida."

Não há como não admirar "o enorme equívoco do esforço desse homem". Dois romances atrás, o anti-heroico paladino da obscenidade Mickey Sabbath dizia não poder se afastar desse mundo, apesar de tudo: "Tudo o que ele odiava estava aqui". No extremo oposto, Seymour Levov, o bom judeu martirizado da *Pastoral Americana*, afirmava, antes da catástrofe, que "tudo o que ele amava estava aqui". A esses dois santos, respectivamente, da afronta e da injustiça, vem se juntar agora o santo do idealismo: "Tudo o que ele queria mudar estava aqui".

Incapaz de aceitar qualquer forma de degradação humana, Ira vai ter um aprendizado e tanto nas nuances do sofrimento sofrido e infligido, involuntário ou voluntário. Não há limite nos recursos que a vida tem "para arrancar de um homem o seu sentido e esvaziá-lo completamente de orgulho". A começar pelo amor.

Esta não é a primeira vez que Roth faz um contraponto à pergunta freudiana clássica, "o que quer uma mulher?", com sua versão masculina particular: "o que quer um judeu?" (identificada por William Gass, numa resenha de *The Counterlife*)[8]. Mas nunca como aqui se viu a transformação horripilante do afeto em guerra mortal, entre dois indivíduos "desastrosamente inclinados para aquela coisa que não tem mais limite quando começa" – violência no homem, histeria na mulher.

O casamento de Ira com a atriz de cinema mudo Eve Frame lhe parece, a princípio, o passo decisivo na via da existência madura. Mas a lógica do encantamento vai sendo corrigida pela constatação shakespeariana da traição como nutrimento da alma. Para além da traição, são o ressentimento e o sarcasmo as especialidades da filha adolescente de Eve, terceiro elemento de um trio malfadado, tocando harpa em jantares da família e regendo a mãe como quer.

Na *Pastoral*, Roth já nos dera um jantar memorável, onde o menor deslize de gesto ou palavra é o suficiente para abrir as portas do abismo. O longo jantar no centro do novo romance é ao mesmo tempo uma homenagem e uma atualização, em tons de realismo inclemente, dos grandes banquetes no romance de Proust. Nesses momentos, a prosa de Roth cresce na medida do drama. Anatomia é destino e personalidade é drama, para esse grande mestre das agonias e dos antagonismos. O antissemitismo judaico de Eve é só uma entre muitas aberrações gerando conflito, neste período particularmente aberratório da história americana.

Que Ira se perca, então, entre ideologia e identidade não é de espantar. Seus anos de aprendizado são, também, vicariamente, os anos de aprendizado de Nathan Zuckerman. Um vai escrever, no futuro, a história do outro; e a tragédia, então, se transforma em romance aos nossos olhos, sem perder os acentos distintamente shakespearianos que vêm enriquecendo há três livros a prosa de Roth.

8. *The New York Times Book Review*, 4.1.1987.

O velho Murray está frequentando um curso sobre "Shakespeare no Fim do Milênio" e isto serve, desde logo, de indicação das águas onde se banha a imaginação do escritor. Referências a Macbeth, Othello e Lear, ou a análise de um verso de *Noite de Reis* caem e recaem no texto com naturalidade. *Casei com um Comunista* pode não ter a energia incandescente de *O Teatro de Sabbath*; nem chega a sustentar, por muito tempo, as vertigens morais que assombram a *Pastoral Americana*. Mas a mesma "vitalidade shakespeariana aterradora" percebida há alguns anos por D. M. Thomas[9] continua sendo a norma desses personagens quase gnósticos, catapultando--se rumo a "um estado de ausência de ardor", almejando ao menos sobreviver às suas insatisfações. Alguns sobrevivem.

Não é só a palavra, mas a voz o instrumento de conhecimento, para quem rememora e digere a experiência. Refletindo sobre sua própria vida, o narrador Nathan Zuckerman vê seu passado como um livro de vozes, uma antologia de árias relembradas. No fim do romance, a imagem das vozes se confunde com o teatro do mundo: "vozes do vazio, controlando tudo internamente, as convulsões de uma história flutuando no ar, ouvido adentro, de modo tal que o drama vai ser percebido muito atrás dos olhos, a caneca do crânio transformada num palco que é um globo infinito, cheio de criaturas inteiras, iguais a nós".

É a imagem shakespeariana por excelência, traduzida em prosa de ficção, que é também a ficção de uma prosa americana da sabedoria. A ironia final é lembrar que as vozes não existem. Um ativista de esquerda chamado "Ira"? Uma enteada harpista, premiada de feiúra e más intenções, chamada "Sylphid"? Uma atriz de cinema de sobrenome "Frame" ("moldura" ou "quadro", também "enquadrar", ou "preparar uma armadilha") – sob medida para a mulher que escreve um livro sobre o marido intitulado *Casei com um Comunista*?

A pressão afetiva é tamanha e as proezas imitativas tão bem realizadas que mesmo o leitor mais viajado não pode senão se

9. "Face to Face With His Double" (resenha de *Operação Shylock*), *The New York Times Book Review*, 7.3.1993.

entregar a essas vidas, mais intensas que as nossas, a despeito de toda alegoria. Cada um de nós vai sofrer, ativa e passivamente, a raiva de Ira face a um mundo ininteligível, entropicamente destinado ao erro. "Nunca descobriu a própria vida", diz Murray do irmão, numa elegia que serve, afinal, para quase qualquer personagem, dentro ou fora do livro. À raiva descontrolada de Ira por não ser capaz de mudar nada, sobrepõem-se então as raivas controladas de Roth, demiurgo deste universo de vozes, que vem mais uma vez distribuir suas bênçãos sobre o paraíso e o inferno.

9.1.1999

11

Saul Bellow, *Ravelstein*

"Nada é mais burguês do que o medo da morte." Palavras do professor Ravelstein ao seu amigo sem sobrenome, que ele encarregou de escrever sua biografia. Os dois formaram um par e tanto, por anos: o professor de filosofia, brilhante e exuberante, com namorados, seguidores e inimigos espalhados pelo mundo, e o romancista famoso, intimista e irônico, equilibrando a vida entre maus casamentos. Ravelstein está morto; Chick quase morre de intoxicação alimentar. Entre um e outro desastre, o livro é uma festa. Nem biografia, nem exatamente romance, mas algo entre os dois – e ainda uma terceira coisa, o "livro escondido" que Ravelstein julgava existir em toda grande obra e que nos compete, agora, desvelar neste novo grande livro de Saul Bellow[1].

A identificação entre o fictício Abe Ravelstein e o verdadeiro Allan Bloom (1930-1992) deve ser imediata, para quem quer que

1. Tradução de Léa Viveiros de Castro, Rio de Janeiro, Rocco, 2001.

tenha lido *O Declínio da Cultura Ocidental.* Que Chick e Bellow (1915-2005) falam com a mesma voz fica igualmente claro, para qualquer leitor de qualquer de seus doze romances anteriores. E notadamente para os que tiverem lido o elogio fúnebre de Bloom, escrito por Bellow, e que serve de base para várias passagens do livro. "Os motivos por que ele atraía tanta gente talentosa dariam um estudo fascinante, se aparecesse alguém capaz de dar conta deles", dizia Bellow há oito anos, numa intuição premonitória[2].

Mas entre as ideias que este livro lotado de ideias levanta está, precisamente, a impossibilidade da compreensão, ou representação total de uma personalidade, até mesmo para um mestre tão consumado e um homem tão sábio como Bellow. Faz parte do seu estilo alterar, então, modestamente, os nomes. Sem apagar os rastros, mas sem abdicar das liberdades de imaginação que são a própria vida do romancista, dentro e fora do livro, e sem as quais não se faz um retrato vivo de ninguém. Até porque o retrato principal é o do romancista, espectador do outro e de si mesmo.

O estilo em si, para Bellow, já é uma questão de autoconhecimento – ideia central da *sua* biografia, recentemente publicada[3]. E dentro desta palavra simples, "estilo", devem caber desde "o ritmo incrivelmente sincopado das frases", que encantava John Cheever, e as paixões do específico, uma "arte mimética fluente, nervosa, colorida", louvada por John Updike, até o apetite pela vida, as cargas de ambiguidade que animam a menor descrição, e um respeito pela inteligência, um prazer do pensamento, que não abdica nunca das pressões afetivas, e que contribui para fazer desta "prosa robusta" o modelo mais alto da ficção americana contemporânea, segundo o seu maior herdeiro, Philip Roth[4].

2. "Allan Bloom", em *It All Adds Up*, New York, Viking, 1994, pp. 276-279.
3. James Atlas, *Bellow: A Biography*, New York, Random House, 2000.
4. A tradução, embora fluente e fácil de ler, escorrega em muitos pontos. Há desde insuficiências idiomáticas ("*a major-league brain*", "o cérebro [dela] jogava na primeira divisão", vira "um cérebro de primeira grandeza", p. 103), até equívocos de edição (como citar o nome de livros de Rousseau em inglês). A espontaneidade dos diálogos de Bellow é um de seus trunfos; aqui, também, a tradução às vezes sugere um português de legendas televisivas ("Tremendo, não é, este circo pop?", p. 10).

Que prato cheio para Bellow, então, se atirar neste retrato de um homem de apetites enormes, erudição rara, exuberâncias e idiossincrasias. Ainda por cima um amigo e colega de anos, o que torna tudo uma outra espécie de álgebra, mais pessoal e difícil.

O livro começa em Paris. Seguindo um conselho de Chick, Ravelstein publicou um livro, onde sintetiza os conceitos propagados por ele em classe há muito tempo. Uma crítica dura da educação moderna e um manifesto pela cultura integrada, humana, centrada na noção platônica do Eros. Para surpresa de todos, o livro se torna um *best-seller*. Ravelstein está rico. Pode exercer sem limites sua paixão por roupas finas, equipamentos de som, cristais Lalique, jantares no Lucas-Carton. Tudo isso em retribuição por suas ideias, redigidas sem concessão.

Chick e a mulher – bem mais nova que ele, uma ex-aluna de Ravelstein – estão hospedados no Crillon, a convite do amigo, festejando em grande estilo o seu sucesso. As anedotas e descrições desta temporada parisiense são memoráveis: é impressionante mesmo, numa releitura, notar como nada se esquece num livro tão cheio de tudo. Parte da batalha amistosa de Chick com o fantasma de Ravelstein dá-se por esta via oblíqua das minúcias, armas perenes da literatura em seu combate com os conceitos. "Ao me descrever, você talvez se emancipe", diz o filósofo, tentando convencer o romancista a escrever sua vida. E entre os livros ocultos que Ravelstein nos instiga a ler em *Ravelstein*, está este também, uma afirmação das virtudes da literatura para o entendimento da vida.

No outro extremo do arco invertido do livro, Chick e Rosamund estão veraneando em St. Martin (Caribe), alguns anos depois da morte de Ravelstein. O peixe errado no lugar errado na hora errada quase acaba com a vida do autor. Nada é mais burguês do que o medo da morte; mas a morte gradual de virtualmente toda a vizinhança de Chick em Chicago foi o motivo para o casal ter se mudado, uma semana antes desta segunda lua de mel.

Encarada tão de frente quanto possível, a morte soa como um baixo contínuo para meditações sobre a política no século XX, ou sobre o judaísmo. Faz pensar ainda em outras crueldades, quando o assunto é Vela, a ex-mulher de Chick, mais uma versão da criatura fatal dominadora, cuja mágica erótica prende esse homem tão lúcido em círculos de autolimitação. A morte, para o gentil professor Grilescu (leia-se: o estudioso das religiões Mircea Eliade) tem outra natureza, quando se sabe que ele foi membro da Guarda de Ferro, o pavoroso exército nazista da Romênia.

Ravelstein é um livro de revelações, como sugere o nome (*ravel*, "desfiar", *unravel*, "desenredar"; o contrário de "Vela"). De todas, nenhuma é mais importante do que a descoberta, afinal, quando tudo já parecia estar escurecendo, de alguém capaz de encarnar, com Chick, as lições mais altas de Ravelstein, sobre a busca da metade perdida de uma alma única ancestral, no mito platônico do amor. Só um leitor muito apressado não perceberia a dose de rivalidade entre os amigos, que não diminui o afeto entre eles. Mas só um leitor muito azarado não perceberia que o livro foi escrito para vencer a morte, que a morte já foi vencida, e que só um amor pleno, incondicional – a virtude mais elevada que existe – tem força para tanto, como ensinava o finado e eterno professor Ravelstein.

11.2.2001

12

John Updike, *Na Beleza dos Lírios*

Estatisticamente esperado, estrategicamente imprevisível, a cada dois ou três meses, com sorte menos, o nome dele está lá: não só nas vitrines das livrarias, anúncios em jornal e catálogos das editoras de seus mais de quarenta livros, mas, mais próximo de nós, modestamente na fila, entre outros tantos nomes conhecidos e desconhecidos no sumário da *New York Review of Books* e da revista *New Yorker*.

Seu apetite pelo mundo é largo o bastante para acomodar livros, quadros e filmes, além das paixões e desilusões do romance familiar, que ele talvez descreva melhor do que ninguém. Face a tanta riqueza, fervor ou acaso servem, igualmente, como racional do colecionador, que pode listar, para os últimos cinco anos, mais de trinta resenhas de sua autoria, sobre assuntos variados – Scott Fitzgerald, Nabokov, Gene Kelly, um livro sobre moda, outro de sociobiologia, contos de Calvino, um *best-seller* de Thomas Mallon, romances de Vargas Llosa e Patrick Chamoiseau, uma biografia da rainha da Inglaterra, uma história cultural do

Titanic e uma biografia do humorista Robert Benchley – aos quais se somam seis contos e outros tantos poemas, um comentário ao catálogo de capistas da editora Knopf (sua casa há mais de 35 anos) e ainda uma dezena de crônicas, sem falar na coletânea *The Afterlife* (publicada em português como *Uma Outra Vida*), nos romances *Brazil* e *Toward the End of Time*, num livro de ensaios e contos sobre golfe (*Golf Dreams*) e na reedição, com efeito simbólico de uma canonização em vida, dos quatro romances do "Coelho" num volume só da Everyman's Library (*Rabbit Angstrom*), ao que se soma mais um conjunto de contos, *Bech at Bay* (*Bech no Beco*), recém-editado para coincidir com a entrega de um prêmio especial pela obra, concedido pela National Book Foundation, em novembro de 1998.

O grande pintor da vida moderna é também um cronista de telas e retratos, como atestam uma dúzia de ensaios, sobre Degas, românticos dinamarqueses, Egon Schiele, o fotógrafo Nadar (traduzido na revista *Imagens*, vol. 7) e americanos como Hopper, Copley, Eakins, Pollock e o mestre oitocentista de lagos e tormentas, Martin Johnson Heade. A tudo isso deve-se acrescentar ainda um romance enciclopédico, quase um tratado, em quatro partes, sobre a cultura americana neste século, com o título sonoro de um hino protestante: *In The Beauty of the Lilies* (*Na Beleza dos Lírios*)[1].

"Na beleza dos lírios, Cristo nasceu além-mar" – este verso estranho e enaltecedor, extraído de entre tantos outros versos estranhos do *Hino da Batalha da República*, me parecia, naquele início de carreira, resumir o que eu tinha para dizer sobre a América do Norte, oferecendo-se como o título de algum *magnum opus* continental, do qual todos os meus livros seriam simples fascículos, meras tentativas de cantar em hino este grande retângulo aproximado de país, separado de Cristo pela vastidão do mar.

1. Tradução de Paulo Henriques Britto. São Paulo, Companhia das Letras, 1998.

Assim escreve Updike, na sua autobiografia *Self-Consciousness* (*Consciência à Flor da Pele*), de 1989, profetizando o romance de 1996.

Há um trocadilho involuntário na letra do hino em inglês (conhecido universalmente pelo refrão "Glory, glory, hallelujah"): "Christ was born across the sea" também pode soar como "borne"; isto é, um Cristo não só nascido, mas trazido de além-mar. Dessa ambiguidade, uma distância que só se preserva no mesmo movimento de aproximação, o romance de Updike extrai consequências, ou causas, de oitenta anos de história americana, narrada como saga familiar, uma espécie de *Cem Anos de Solidão* traduzido no irrealismo concreto desse país "maluco, esbanjador, que vive se autodestruindo", como diz o tio Danny, agente do CIA no Vietnã.

Não é a primeira aventura de Updike pela ficção da teologia protestante. *Roger's Version* (1986) e *S.* (1989) já se lançavam ambiciosamente pela paisagem espiritual e carnal da religião americana. Mas nada naqueles livros dava a imaginar uma figura como o reverendo Jesse Smith, o novo Cristo autoproclamado, líder do Templo da Fé Verdadeira, fadado ao desfecho apocalíptico e decididamente autodestrutivo que encerra o livro e um ciclo de quatro gerações. "Família é um negócio misterioso", pensa consigo o velho avô Teddy, filho de um pastor que perdeu a fé e pai da grande estrela de cinema Alma DeMott – a mãe, por sua vez, da ovelha desgarrada Clark/Esaú, que acaba seguindo o reverendo Jesse em sua empreitada salvacionista no interior do Colorado. Negócios e mistérios dão recheio concreto e alegórico a esse livro gigante, nem sempre de digestão prazerosa, mas repleto de passagens extraordinárias; único rival, talvez, das fantasias de Philip Roth como testemunho milenarista da América.

Na Beleza dos Lírios é uma sinfonia da dissolução religiosa e cultural americana, começando em 1910, com um "Andante" tortuoso, a história da perda da crença do reverendo presbiteriano Clarence Wilmot. O reverendo vira vendedor fracassado de enciclopédias, gastando as tardes em salas de cinema até morrer, um ano depois, de tuberculose e desilusão. Religião e cinema – ou melhor, a substituição gradual da religião pela adoração de imagens, na tela e na TV – já se anunciam no primeiro gesto contrapontístico do livro, uma sobreposição das filmagens de *Às Armas*, de Griffith (a estrela Mary Pickford caindo desmaiada do cavalo), com o momento preciso em que o reverendo Wilmot sente "as últimas partículas de fé" lhe abandonarem.

A transição para o cinema, que rende muias páginas antológicas sobre essa arte americana, vai se completar como a carreira hollywoodiana de "Alma DeMott", neta de Wilmot e cujo nome soa mais obviamente simbólico em português do que em inglês – e tanto mais carregado de responsabilidade, nesse romance em que o cinema constantemente abre caminho para a narrativa da história. Contemporânea de Doris Day, com alguma coisa do charme antigo de Rita Hayworth, Alma deve mais, com certeza, à "poliândrica" (sete casamentos) *all-american girl* Lana Turner – objeto de um comovente ensaio de Updike (*The New Yorker*, 12.2.1996).

O "Scherzo" vibrante de Alma, *alter ego* irônico do autor, com sua gagueira ocasional, é precedido de um grande "Adagio" liricamente moroso, mais do que amoroso. Narra-se ali a ascensão relativa de Teddy, o filho menor de Wilmot, contentadamente autolimitado na vida como carteiro em Basingstoke, Delaware.

O namoro de Teddy com a menina manca Emily é uma improvável, mas memorável exibição literária, a sucessão exata de hesitações, dúvidas, ameaças, acordos, impulsos e decisões de um caso incipiente de amor. É a versão de Updike, em clave provinciana, do grande amor de Swann, em Proust – homenageado, com Joyce e Nabokov, ao longo do livro. Seus companheiros insólitos neste panteão são os teólogos Karld Barth e Kierkegaard, cujas luzes deixam-se tingir, ainda, nostalgicamente, não só pela alma interiorana, mas por mitologias sentimentais do cinema americano.

Se o cinema é uma substituição prosaica do divino, o que dizer da televisão, que acaba tomando o seu lugar, a substituição da substituição? Pois a apostasia de Clarence Wilmot só chega a seu termo no último movimento, um "Finale" aterrador, o desastre pressentido, mas infinitamente prorrogado, do apocalipse de Jesse. É uma cadência sinistra, mas sedutora, suspensa no ar parado, como um pedal de dominante numa sinfonia de Sibelius, e conduzida com enorme dose de controle, do lado de lá da ironia, com um quase sincero medo de si, nesses falsos portais do fim do mundo.

É bem verdade, por outro lado, que a multiplicação finita, mas prolongada, de cenas e diálogos nessas mais de quinhentas páginas pode causar algum enfado, para não dizer exasperação; mas seria mesquinho não reconhecer os malabarismos de ritmo e forma de um autor tão sábio e tão à vontade com seu material. E Updike, afinal, está escrevendo um romance esperançosamente popular, seu grande filme hollywoodiano – infilmável, como todo livro que depende mais de palavras do que de ação, ou ideias.

Que ninguém controla a língua inglesa americana contemporânea como ele já se tornou um lugar-comum, até para os que não o apreciam (como o crítico Harold Bloom, ou o romancista Harold Brodkey). "Já se disse com tanta frequência que Updike escreve bem que nem se vê mais o quanto ele escreve bem", comentou Michael Wood, numa resenha em *The New York Review of Books* (29.2.1996). E George Steiner, na *New Yorker*, chamava atenção para sua insuperável habilidade descritiva: "coisas, objetos, processos industriais, ambientes domésticos, o jogo da luz num tecido são detalhados, discriminados e expostos à nossa inspeção sensorial, com um controle delicadíssimo, que romancista algum da nossa época é capaz de igualar" (11.3.1996).

A verdadeira "alma" do livro são os adjetivos e substantivos e verbos e advérbios que se renovam fantasticamente, como se a língua fosse oferecendo novos recursos, graciosamente, a esse seu filho abençoado. A descrição de uma máquina de colocar tampinhas em garrafas vira um poema em prosa não menos marcante do que a descrição da consciência em fuga de Clarence, ou as inumeráveis felicidades de alguma frase inesperada, saltando aos olhos nesse grande mar de palavras.

Tragédia, comédia, melodrama, farsa; naturalismo e surrealismo; romance, memória e crônica: todos os gêneros se confundem nesse livro irregular e admirável. Toda a tristeza da América, "o país mais triste do mundo", como diz Steiner, ganha aqui seu retrato americano. As complexidades do secularismo teológico, com suas glórias e contradições, vêm à tona nas dezenas de estrelas, coadjuvantes e figurantes desse novo *Nascimento de uma Nação*, um antiépico em grande escala, a narrativa laboriosa de um país "constantemente se reinventando, na mais alegre ignorância de todos os livros..." Triste ignorância, reinventada, com enorme ironia e quase compaixão, nos tons mais raros da prosa de John Updike.

18.5.1997

Incluído em "USA Today: Três Romances". *Revista USP*, n. 41, maio/1999.

13

Don DeLillo, *Submundo*

"*Underworld*" tem muitos sentidos em inglês. "Submundo" é o mais comum, desde o filme com esse título, dirigido por Josef von Sternberg em 1927, que fixou as convenções do filme de gângster. "Inferno" vem logo a seguir: o mundo inferior, ou mundo dos mortos, regido por Plutão. Plutão e plutônio se associam nos ínferos do novo romance de Don DeLillo, uma narrativa gigantesca, em centenas de páginas e dezenas de vozes, atravessando quarenta anos de história americana, sob o signo da bomba[1].

No centro do livro fica um outro filme: o *Unterwelt* (fictício) de Eisenstein, "restaurado" em 1974 e apresentado para uma plateia de gala no Radio City Music Hall. O filme mudo mostra os efeitos mutiladores de raios atômicos, disparados por um cientista insano, a partir de uma base subterrânea. Livre de uma trama definida, a sequência de imagens vai revelando os rostos deformados

1. *Underworld*, New York, Scribner, 1998. Ed. bras. traduzida por Paulo Henriques Britto, São Paulo, Companhia das Letras, 2000.

de homens sem contexto ou nacionalidade. A devastação da música de Shostakovich serve para sublinhar o "sentido estranho de perda" que toma conta da plateia. Não são só o futuro (no filme) e o passado (na vida real) que se cruzam aqui; há um contraponto mais intrincado entre a ficção, a história e a formação da nossa consciência, habitada por "um mundo fundo de imagens".

"Existe outro mundo dentro do mundo", repetia Lee Harvey Oswald num outro romance (*Libra*, de 1988). DeLillo é um mestre consumado da paranoia como afeto primário da cultura americana e em *Underworld* "tudo se conecta", o que não é só artifício literário, mas uma fantasia ameaçadora. "Acredite em tudo. Tudo é verdade", comenta um técnico russo a serviço de uma firma de destruição de lixo atômico, no Cazaquistão. Um de seus equivalentes americanos, 550 páginas e vinte anos antes, já tecera elocubrações cômico-sérias sobre a *dietrologia*, "ciência do que está por trás". Mas há uma distância bem marcada entre a "tensão neurótica do mundo dominado pela propaganda", a posição paranóide de personagens vivendo seu inferno interno e a inteligência que escreve essas redes, espalhando-se de trás para frente no romance com virtuosismo proustiano.

O livro abre com um prólogo de sessenta páginas, que em retrospecto é uma verdadeira indução ao método, mas que faz prospectivamente de cada leitor um espectador eletrizado. Estamos no dia 3 de outubro de 1951, data do primeiro teste nuclear russo; data também de um dos mais dramáticos jogos de beisebol da história, a famosa partida entre Giants e Dodgers, decidida no último lance. A coincidência dos fatos não é casual no livro; a começar pela presença de J. Edgar Hoover no estádio, onde o diretor do FBI é informado do teste russo. Entre seus companheiros naquela tarde estão Frank Sinatra e o comediante Jackie Gleason (tudo verdade, segundo declarou o autor em entrevistas). Está também o menino preto Cotter Martin, que acaba levando a bola do jogo para casa, dando início a uma linhagem de colecionadores, que vão substituindo uns aos outros ao longo do romance. Em certo sentido, o livro é a epopeia dessa bola, que descreve seu arco no tempo, contra o pano de fundo dos dias.

Esse prólogo em si já vale o livro: DeLillo disputa com A. J. Liebling e Norman Mailer a honra de ter criado a maior façanha moderna de prosa esportiva em língua inglesa. Vocabulário, gramática, ritmo, montagem: tudo colabora para um senso de exaltação, que é tanto do espetáculo quanto da escrita. Euforia e tormento se alternam, pontuadas por vinhetas de personagens, dentro e fora do estádio – figuras que vão retornar com previsível obsessão, dentro e fora do livro. "Uma coisa dessas nos guarda, de algum jeito, pelo resto da vida", comenta um radialista, reeditando Wordsworth em pleno Polo Grounds. Páginas rasgadas de revista caem sobre a arquibancada; entre elas, uma reprodução de *O Triunfo da Morte* de Brueghel, observada com interesse melancólico por Hoover. "Meu coração, meu coração", é só o que outro consegue dizer. Mas está "tudo caindo indelevelmente no passado", no mundo inferior do tempo, cujos efeitos o romance vai acompanhar.

Os talismãs da experiência quase nunca são o bastante para contrabalançar o efeito essencial, que é o da perda; sintomaticamente, os colecionadores da bola são torcedores do time derrotado. O último na linha e um dos principais personagens é Nick Shay, um menino de família italiana do Bronx. Órfão do pai, um pequeno golpista desaparecido em circunstâncias insondáveis, Nick entra torto na vida, se entrega com paixão ao caos, mas acaba – no fim e no início desse romance circular – gozando a calma possível de uma existência num subúrbio de Phoenix, Arizona. Especialista em armazenamento e processamento de lixo, ele é bem menos do que um *expert* nas contingências da amizade e do casamento, mas mesmo assim sofre uma dose diferenciada de processamento sentimental.

Como diz outro ítalo-americano, o velho Bronzini, ex-professor de xadrez do seu irmão (hoje físico nuclear) e ex-marido de uma ex-amante do jovem Nick (hoje artista consagrada), casamento é *un po' complicato*. Mas há vários exemplos de afeto bem cultivado no panorama universalmente cheio de empatia do romance. Nesses momentos, palavras e sentidos chegam, afinal, a coincidir; e a sabedoria feliz de pequenos atos parece forte o bastante para se contrapor às "profundezas inomináveis" e ao "*underground* da memória". No universo paranoico da América de DeLillo, onde cada fenômeno é símbolo de alguma outra coisa e nada é o que parece, o significado só pode ganhar realidade na superfície, naqueles paraísos improváveis de uma relação amorosa, onde a aparência se dissolve e tudo é o que é.

O fim da ameaça nuclear, com a queda do bloco comunista, deixa um vazio na imaginação moral da cultura e suas "nostalgias complexas" pedem outra forma de agenciamento, contemplada de modo comovente e intensamente americano no romance. Deste ponto de vista, ele se integra à companhia de outros livros recentes, dedicados a pensar o seu país, no final anunciado de uma época: *Na Beleza dos Lírios*, de John Updike (ver p. 87), *Pastoral Americana* de Philip Roth (ver p. 73) e *Mason & Dixon*, de Thomas Pynchon. Cada um a seu modo, todos são romances sociais. Deles, o menos oblíquo em seus propósitos é *Underworld*, o que não se traduz, em ponto nenhum, em obviedades de estilo, nem mesmo naquelas passagens onde o livro não é mais capaz de sustentar a energia segura da prosa, sua "música calma" (na expressão de Colm Tóibin).

"Toda arte aspira à condição de música", escreveu o crítico vitoriano Walter Pater. "Todo lixo aspira à condição de merda" é uma das versões menos polidas da mesma ideia, entre outras tantas, nesse livro cheio de música e lixo. DeLillo é o mais espantoso ventríloquo da ficção contemporânea, como escreveu Luc Sante (*New York Review of Books*, 6.11.1997); e exerce aqui um *tour-de-force* de tons e vozes. Há tantas figuras e tantos episódios que resenha alguma pode dar conta. Klara Sax e sua instalação de bombardeiros B-52 pintados no deserto. O pai de Cotter Martin, um preto pobre, negociando a bola do filho. O vídeo amador de um homem no volante de um carro, sendo atingido por um tiro; e nossa visita à consciência do próprio atirador. Reencenações maravilhosas do humorista político Lenny Bruce. Bombardeios no Vietnã, crise em Cuba. A "infinita e inspirada catástrofe" de Nova York. Um grafiteiro de trens de metrô; uma freira no Bronx; o famoso baile em branco e preto de Truman Capote, no Hotel Plaza, em 1966. Um arqueólogo do lixo, promotor do turismo nuclear; um colecionador de beisebol, apaixonadamente rendido a uma vida de lembranças da mulher. Versões e retroversões dessas histórias vão se combinando à medida que se avança para a frente no livro, para trás no tempo. A parataxe – a passagem de uma voz, ou uma ideia a outra, sem transição – chega aqui à apoteose. O estilo conta histórias e a falta de propósito, ou falta de centro experienciada nos episódios da atualidade, no início e no fim do romance, recebem assim sua alegoria retórica.

Não é por acaso que um romance tão controlado em suas vertigens reserve uma última ironia para o fim. Ela revolve em torno a mais um sentido de *underworld,* uma imagem da vida subterrânea das palavras, imprevisivelmente torcidas em seu destino etimológico. A percepção de que "tudo se conecta", fantasia clássica da paranoia, é invertida com toda a coragem da ingenuidade ao ancorar o romance na palavra "paz", cujo sentido original, glosado no texto, é "reunir, combinar, ajustar". Ninguém acredita, a esta altura, com todo o mundo inferior se acumulando à nossa frente e todo o futuro invisível às nossas costas, que o passado possa ser pacificado tão facilmente. Mas a falta de crença, no caso, vira uma repetição do que há de mais perdido e atormentado no romance e nos condena implicitamente à alternativa: "acreditar na paranoia" e descer, mais uma vez, aos infernos da América de Don DeLillo.

9.5.1999

Incluído em "USA Today: Três Romances". *Revista USP*, n. 41, maio/1999.

14

Kazuo Ishiguro, *Os Desconsolados*

O teatro inteiro fica às escuras e a cortina do palco se abre. Um único *spot* se acende, iluminando o pódio. A plateia irrompe em aplausos e você agradece. Neste ponto, uma voz gravada, em tons vigorosos, formula a primeira pergunta. E você tem a sensação de que nada disto está acontecendo, de que seu lugar não é ali e não tem a menor ideia do que responder. E então responde.

Momentos como esse se repetem, inúmeras vezes, ao longo do novo romance de Kazuo Ishiguro[1] – o primeiro, desde *Os Vestígios do Dia* (1989). Desespero e decoro colorem, em doses desiguais, a passagem do grande pianista Ryder por uma pequena cidade germânica, onde deve supostamente dar um concerto. Que Ryder (o narrador incansável deste longo livro sobre o cansaço) não tenha noção precisa do que deve tocar, nem muito menos de outros compromissos que aparentemente lhe cabem

1 *The Unconsoled,* New York, Knopf, 1995. Ed. bras. *O Desconsolado,* trad. Ana Luiza D. Borges, Rio de Janeiro, Rocco, 1996.

e cujas consequências serão decisivas para o futuro da comunidade; que encontros e reencontros e reconhecimentos vão se sucedendo descontrolada, mas naturalmente; que a sua presença seja esperada por todos, assim como a de todos é inesperada, mas compreensível para ele: tudo isto faz parte do cenário de fantasmagoria deste romance estranho, equilibrado no limite vulnerável do sonho. Que o narrador faça o que pode para se convencer de que não está sonhando é, talvez, o que lhe deixa ainda mais vulnerável; não fora o fato de que, ao que tudo indica, essas coisas não aconteceram mesmo, ou pelo menos não como narradas – mas também não foram só um sonho.

"Não cheguei a dormir por muito tempo e o telefone já tocava no meu ouvido." Ninguém consegue dormir por muito tempo neste romance noturno, que mantém sempre tudo em suspenso, como uma sequência sem fim de cadências musicais não resolvidas. A menção à música, aliás, não é casual: boa parte do que o livro tem de humor vem das referências à "necessidade imperativa" de Ryder de defender a causa da música contemporânea, com direito a descrições de ensaios e discussões da obra de meia dúzia de compositores fictícios. Nisto, como em tudo o mais, Ishiguro é um mestre do irrealismo, um artista preciso de ritmos e tons, o solista excepcional de sua própria composição.

Ninguém, na verdade, jamais consegue estudar ou escutar coisa alguma, ao longo dessas 489 páginas de movimentos interrompidos, planos abortados, afastamentos, sumiços e alguns raros momentos de entendimento. Mas aqui, de maneira tão mais irônica porque quase literal, a música é uma imagem do que está no centro inalcançável de tantas palavras e tantos esforços. A música é ainda a imagem de controle total de Ryder sobre o seu mundo, em contraponto inconciliável com o descontrole vivido. E ilustrativamente, na história do aluno de piano Stephan, um dos tantos duplos de Ryder – que às vezes parece ser todos, às vezes nenhum – a música serve também para dramatizar um dos temas principais de Ishiguro: o cruzamento de frustrações entre pais e filhos, trabalhado com uma delicadeza quase cruel, a atenção e o espanto de quem prefere não compreender por que tudo tem de ser como é.

A pressão do afeto é de uma força tremenda, mas subterrânea, nesta narrativa que faz o que pode, como Ryder, para se desviar de onde quer chegar. Alguma coisa do tom impessoal, mas característico do autor, pode ser explicada, quem sabe, por isso. Entre a censura ao que ele mesmo tem de inaceitável e a fuga constante deste reconhecimento, o narrador suspende suas palavras, numa aparente calma que faz lembrar a voz da mãe japonesa Etsuko, no menos conhecido e talvez, até hoje, o melhor dos romances de Ishiguro, *Uma Pálida Visão dos Montes* (1982). Mas a atração do reprimido confere um peso inalienável a todas as coisas e a dificuldade de Ryder é escapar das distrações e falsas responsabilidades que vão transformando sua vida num redemoinho de irrelevâncias urgentes, enquanto tudo o que conta está ao alcance de um gesto simples impossível, ou uma palavra impronunciada.

As relações comovedoramente difíceis dele com Sophie (sua mulher ou ex-mulher), e com o menino Boris (seu filho, ou só dela, talvez, cujo afeto Ryder parece fadado a trair); as relações não menos difíceis entre Sophie e seu pai, o porteiro Gustav (paródia melhorada do Stevens de *Os Vestígios do Dia*); ou entre o maestro alcoólatra Brodsky, espécie de eminência parda do romance, e sua antiga mulher de vinte anos atrás: esses duetos vão se desdobrando em outros, como o do gerente do hotel com a mulher cuja vida ele estragou e cujas ambições frustradas engrossam agora a conta devedora do filho pianista; ou as do próprio Ryder com seus pais, aguardados ansiosamente por ele para este concerto e que nunca chegam, mas passaram pela cidade no passado, o que para Ryder já é alguma coisa. Cada um desses pares vai sendo revelado, aos poucos, nas conversas de Ryder com a multidão de desconhecidos familiares, de fantasmas ou vozes que vão cruzando seu caminho e obedecendo à compulsão de lhe contar sua vida.

Sobre esses diálogos todos, sobre as exigências que Ryder deve aparentemente atender, sobre os compromissos que ele não se lembra de ter assumido, mas acata agora sem discussão, sobre tudo isto paira um véu de entendimento, que é sempre o dos outros, não dele, como se tudo afinal estivesse muito bem planejado, de acordo com alguma regra inapreensível. De modo complementar, é frequente a constatação, em retrospecto, de que tudo o que foi narrado não aconteceu assim, muito antes pelo contrário – e cada um de nós está sempre pronto a aceitar, como Ryder, a outra versão. Isto confere ao romance uma tonalidade particular, como se nada do que se está lendo fosse de fato o narrado; embora não haja outra forma de narrar. O que se lê é um outro romance, por trás deste, que as palavras não são capazes de literalizar. As palavras, desconsoladas, não se livram nunca de um certo desapego – aquela "bela indiferença" de que falava o dr. Charcot, diagnosticando a histeria, traduzida aqui em figura de conhecimento, para a literatura do fim do discurso dos afetos.

O efeito é ainda mais insólito porque, se de um lado a prosa de Ishiguro resiste sistematicamente ao espetáculo, de outro ela é o veículo de uma boa dose de horrores, desde mutilações e morte até as humilhações de amantes, amigos e filhos, e as angústias da vida em família – como nessa pequena vinheta, uma memória dentro de outra memória do narrador: "Percebi que, para essa senhora idosa, meus pais e eu representávamos o ideal da felicidade familiar. Essa compreensão foi seguida por uma enorme tensão... Não que eu receasse que meus pais não conseguissem manter aquela imagem... Mas eu tinha me convencido de que, a qualquer instante, algum sinal faria com que a velha senhora se desse conta do enorme erro que cometera"; ou na visão mal-lembrada do pai saindo de casa, "depois que os tumultos haviam explodido em casa". A prosa tranquila do narrador encobre tudo como um outro manto, sobreposto aos da memória e do deslocamento. É ela, também, que permite ao autor a façanha de um livro tão discreto, mas tão corajosamente exposto ao sentimento.

"Volto assim que puder" é o refrão que ressoa do início ao fim, à medida que Ryder vai sendo levado de um compromisso a outro, sem levar nenhum a cabo. Parece disposto "a reconhecer uma enorme culpa, ao mesmo tempo que se pergunta o que mais poderia ter feito", como escreveu Michael Wood, numa resenha elogiosa (*The New York Review of Books*, 21.12.1995). Seu tortuoso Adágio – e o tempo dessa prosa está decididamente nas primeiras dezenas do metrônomo – soa como uma longa viagem noite adentro, em direção não tanto ao passado, mas a um presente perpetuamente adiado, ou fora de alcance. Tempo e espaço se expandem ou contraem de acordo com uma outra física, ou uma outra música. Os mecanismos da contingência vão carregando o narrador sempre para outro lugar e ainda outro, abandonando quem não devia, em favor de alguma coisa que não quer. É um teatro íntimo, nebuloso, onde culpa e linguagem vão se entretramando virtualmente a despeito de nós, e quanto mais se fala, mais há culpa, e quanto mais culpa, mais se fala.

As montanhas e vales do sonho são tão perigosos para a ficção quanto são perigosos os abismos da psicanálise para a crítica literária. As presenças fantasmagóricas de Kafka e do Joyce noturno de *Finnegans Wake* – um e outro modulados, como se diz em música, para uma outra tonalidade – também não tornam mais fácil o trabalho da interpretação, que precisaria dar conta dessa retórica não-pessoal, não-poética, não-lírica, não-elegíaca, não-hermenêutica e não-celebratória da ficção contemporânea. Precisaria dar conta, ainda, das quotas de afeto no discurso das mulheres – Sophie, a mulher do gerente, a ex-mulher de Brodsky, uma antiga conhecida de Ryder – que vão, uma a uma, livrando-se desses homens, para colonizar, sabe-se lá como, os domínios novos da compreensão.

Tem razão Ricardo Goldenberg de apontar (num ensaio inédito) um erro de tradução no título, que no inglês tende ao plural: *Os Desconsolados*. São muitos, mesmo, para não dizer somos muitos os desconsolados duplos do pianista Ryder, "esperando o momento certo [que] mudará tudo", como diz a mulher do gerente, "um momento *mínimo*, contanto que seja o correto".

O cenário de reparação afetiva no romance jamais permite grandes esperanças, e o final, em particular, sugere a repetição de outros tantos concertos, igualmente despropositados e inevitáveis para o grande artista, cujo retrato quando jovem é o de um filho insuficiente e o retrato quando velho é o de um alcóolatra que jogou fora a música e o coração. O retrato agora é o de um homem no meio do caminho, que talvez seja o retrato, também, em palavras simples, de uma literatura complexa, no meio do caminho: "Esse homem, de vez em quando, relembra a vida que levou e se pergunta se não deixou, quem sabe, escapar algumas coisas. Ele se pergunta como teria sido se – se tivesse sido menos *tímido*. Um pouco menos tímido e um pouco mais apaixonado". Um pouco menos tímido e um pouco mais apaixonado: não é pedir demais, mas está no limite do impossível para Ryder, Brodsky e os outros, e está no limite do inenarrável, para essa literatura no fim do discurso dos afetos.

27.10.1996

15

Richard Powers, *Galatea 2.2*

"Um grande número de regras delta em recorrência constante, reavaliando e atualizando a si mesmas." Não é exatamente o que se espera como resposta à pergunta: "o que é o homem?" Mas Philip Lentz também não é exatamente um cientista romântico, muito embora esteja no centro de um grande romance da ciência. É dele que parte a ideia de treinar um computador para a leitura e interpretação de textos literários e é ele quem, maliciosamente, convoca para tanto os esforços de "Richard Powers".

O nome vai entre aspas para não ser confundido com Richard Powers, autor de *Galatea 2.2*[1]. Um e outro estão escrevendo o seu quinto romance, animados pelo sucesso de *The Gold Bug Variations* – outra obra de ficção, por falta de outro nome, científica – e, mais recentemente, pelo premiado *Operation Wandering Soul*. Um e outro conquistaram uma temporada como escritor em re-

1. New York, Farrar Straus Giroux, 1995.

sidência numa grande universidade americana. Mas "Richard", ao contrário de Richard, está em plena crise sentimental e criativa, incapaz de tomar uma atitude ou escrever uma palavra, gastando seus dias passeando pela Internet. É no momento em que faz do homônimo uma personagem – seu autor – que os dois se transportam, afinal, para as terras mais ricas da literatura.

A duplicidade de um personagem-autor faz contraponto com o tema central do romance, que é uma anatomia da consciência. Como tantas outras fábulas de identidade dos últimos duzentos anos, de Wordsworth a Proust, de Freud a Musil, Joyce e Beckett, *Galatea 2.2* reanima nossa obsessão com os descompassos entre nós e o pensamento. O romance moderno, em especial, parece ser feito para a projeção da consciência. O romancista naturaliza o pensamento, que, nem por isso, deixa de marcar um limite da representação.

O que há de notável, em Richard Powers, é a capacidade de conjugar esse tema antigo com a pesquisa, aparentemente muito diversa, que agora se dá nos campos da ciência cognitiva, da informática e da neurobiologia. Ninguém sabe o que causa a consciência, e alguns até duvidam que ela exista. Nossa intuição é que uma calculadora, quando dá uma resposta certa a uma equação, não está "pensando" como nós pensamos. Mas qual é a diferença? "Ser e pensar são uma coisa só", dizia o filósofo pré-socrático Parmênides. Mas quando é que uma máquina começa, de fato, a pensar? Perguntas como essa fazem parte, hoje, do repertório científico, não só metafísico. Fazem parte, também, da literatura.

Assim como o HAL do filme *2001 – Uma Odisseia no Espaço*, o computador de Powers e Lentz, que a princípio é pouco mais que uma caixa de combinação de palavras, gradualmente vai adquirindo o que se pode chamar de personalidade. Da compreensão elementar da língua até as primeiras histórias são necessários vários estágios e transformações de circuito, cada um envolvendo outros tantos enigmas humanos da parte de "Powers", recém-saído de um desastre amoroso. Por volta da página 100, já estamos no Modelo H, que se comunica verbalmente com ele e em breve será capaz de assumir uma identidade sexual e um nome de menina.

Construída com base nas teorias do conexionismo, a estrutura de "Helen" baseia-se na capacidade de "estimulação reflexiva": entre ela e seus predecessores a grande diferença é sua capacidade de simular, internamente, outra simulação semelhante a si mesma. Isto significa se autotreinar, ou aprender com a experiência. (Computadores já fazem isto, hoje em dia.) "Incluindo tudo em si, a mente inclui, como um detalhe, a si mesma, com todas as suas inclusões." Esta é uma frase de William Empson, comentando obras do poeta setencentista Andrew Marvell; mas serve igualmente para descrever as redes neurais de Lentz.

Powers, o autor, é um virtuose do vocabulário e da descrição. Um neurônio é o ponto "enarmônico" de inumeráveis constelações; e o significado, para manter a mesma metáfora musical, "não é uma questão de alturas, mas de intervalos". Embasbacado pela presença, à distância, de uma aluna de pós-graduação, futura desafiante de Helen e companheira virtual de "Powers", em sonhos de solteiro, ele compara sua passagem pelo corredor a "uma reportagem de guerra, sem o som".

Memoráveis como são, exemplos como esses não dão, porém, a medida do que há de mais insólito no seu inglês. Boa sorte ao tradutor que aceitar o desafio de aliterações nabokovianas, de inumeráveis alusões (Keats, Blake, Donne, Yeats, Whitman, Shakespeare) e sequências de palavras como esta, recolhida ao acaso no espaço de dez páginas: "*contrapposto, jag, almostness, scrimshawed, ethernetted, kludge, spelunking*". Gastando seus dias na www, culpado por não fazer nada, "Powers" mesmo assim "não seria sequer capaz de alterar o temperamento de um ácaro, acampado nos cílios da manifesta sobrealma digital". Nesses pontos, o livro parece se alimentar de alguma linguagem combinatória fantástica; como a de um cientista fabricando metáforas, ou, quem sabe, um computador.

Ao contrário dos livros anteriores, não há aqui nenhum artifício explícito de tipografia e narrativa. Mas a sucessão de personagens cujas iniciais vão compor o nome "Richard", as simetrias e ecos que cruzam o livro de ponta a ponta como uma corrente nervosa entre o tálamo e o córtex, as alusões à mitologia e à literatura, as inversões entre "consciência" e máquina – especialmente nas subtramas que envolvem doenças mentais –, a dramatização repetida de deslocamentos e readaptações: tudo isto parece calculado para simular e frustrar o funcionamento de uma enorme máquina pensante.

Perto do final, confrontado com os desafios de Helen – "quantos livros existem? por que os homens escrevem tanto?" – o narrador cita o posfácio a *Lolita*, onde se descreve o desenho de um macaco, primeiro exemplo conhecido de arte animal: "um esboço tosco das barras de ferro da jaula". São tantas as jaulas, no caso, que fica difícil privilegiar qualquer uma: a consciência, a inconsciência, a ciência, a literatura. A matéria em luta consigo mesma vai refazendo labirintos, algoritmos, Galateias. Só é pena que o livro, visto como um todo, não tenha mais vigor para resistir à acomodação ocasional em outras jaulas, do sentimentalismo e do clichê, para não falar da solução religiosa, intensamente americana, no fim.

Resenhando o livro para a revista *The New Yorker*, John Updike confessou-se emocionado pelas decisões de Helen, quando toma contato com a realidade extraliterária do mundo[2]. Mas este é o lado religioso e intensamente americano do próprio Updike, conjugado decerto à percepção de que o jovem romancista Richard Powers é muito mais um admirador do que um rival. Há alguma coisa de Helen, bem mais que de Ovídio, ou George Bernard Shaw, neste novo Pigmalião; uma inocência tocante na máquina, menos admirável no autor.

Galatea 2.2 é um entretenimento sofisticado, e uma introdução, à sua maneira, às mitologias e aventuras da ciência. Na medida inversa de suas ambições, o livro nos convoca a reavaliar e atualizar certo número de regras delta em recorrência constante. Meia dúzia de amores e nostalgias são facilmente esquecidos entre os 100 bilhões de neurônios do cérebro. Resta o romance de uma grande história, alterando a força de conexões em rede, e repetindo, reflexivamente, a comédia de riscos, acertos e erros que é o que se chama de pensamento.

14.4.1996

2. John Updike, "Novel Thoughts", *The New Yorker*, August 21 & 28, 1995.

16

Pankaj Mishra: *The Romantics*

Pankaj Mishra: o nome já se tornou familiar, para leitores de periódicos internacionais como o *Times Literary Supplement* e *The New York Review of Books*. Nesses últimos anos, ele vem assinando uma série de ensaios brilhantes, sobre assuntos e autores da Índia. Autores e assuntos reaparecem e desaparecem na prosa modulada de seu primeiro romance, *The Romantics*, livro que deve tornar seu nome mais conhecido ainda, e consagra a nova literatura indiana como uma das vertentes mais ricas da atualidade[1].

A prosa é aparentemente simples; mas a simplicidade das aparências é parte mesmo do que está em jogo, nesse romance votado à visão das coisas. Desde pelo menos a década de 1920 que escritores indianos vêm se esforçando para criar um estilo em língua inglesa. Precursores como Mulk Raj Anand e Raja

1. New York, Random House, 2000.

Rao viam nessa literatura anglo-indiana uma outra escola da percepção, antagônica ao indianismo tradicionalista de um poeta como Rabindranath Tagore (Prêmio Nobel de 1913). A divisão entre linguagem e espírito ganha ali acentos novos, com a intromissão de termos indianos e sânscritos no inglês.

O que se acentua é a divisão, descrita por Rao como uma "carga dupla" nos ombros do escritor: "os Alpes da tradição europeia" e "o Himalaia do passado indiano". Para um romancista indiano da atualidade, a carga só se multiplicou. De mestres modernistas como E. M. Forster (*Passagem à India*) ou Nirad Chaudhuri (homenageado por Mishra, logo após sua morte em 1999)[2], passando pelo olhar indo-caribenho de V. S. Naipaul e os pesadelos e comédias de Salman Rushdie, e chegando até uma geração mais recente (Vikram Seth, Rohinton Mistry), o Himalaia vai ficando cada vez mais alto, e os Alpes mais perto.

Não é por nada que a Índia se tornou uma nação de destaque no mapa da literatura atual, merecendo números especiais de revistas prestigiosas como *The New Yorker* (23.6.1997) e *Granta* (Spring, 1997), e ostentando fenômenos de venda como *O Deus das Pequenas Coisas*, de Arundhati Roy. Eis uma literatura escrita da periferia para o centro, mas diretamente em língua inglesa, e pensada para ser lida, ao mesmo tempo, dentro e fora de seu país. Parte do sucesso de *The Romantics* deve-se a essa consciência, habilmente transferida para o interior do próprio romance.

O que o personagem principal (marcadamente autobiográfico) vai viver não é outra coisa senão uma educação para as ambiguidades dessa cultura dividida – a nossa, ocidental, tanto quanto a dele. Estranho às tradições da Índia, emocionalmente perdido na cidade sagrada de Benares, o narrador Samar vai assimilando aos poucos, também, as estranhezas de duas mulheres europeias, não menos perdidas que ele, mas num outro estilo. Ver e viver são verbos que não rimam, para o narrador incapaz de saber onde está.

2. "The Last of His Kind", *The New York Review of Books*, Sept. 23, 1999.

"Agora estava inteiramente por conta própria", ele reflete, recém-formado na universidade e recém-chegado a Benares, à espera de um exame para o serviço público. Nem inteiramente, nem muito menos por conta própria: é o que vai descobrir logo. A descoberta implica abrir os olhos para o país ao redor, uma versão gigantesca de atualidades bem conhecidas em outros lugares. A nova ordem política, dominada por (o termo é dele) "emergentes", que começam a cruzar a divisão de classes e de castas, amparados em máfias, e a nova ordem econômica, com a ascenção fulminante da classe média empresarial, já foram descritas por Mishra em seus ensaios[3]. Seu romance não tem nada de panfletário, ou sociológico; mas nega-se a mascarar ou fugir das realidades da Índia, que renovam regressões ancestrais.

O desafio maior é esse: como escrever para uma sensibilidade literária globalizada, sem renegar o que há de mais específica e desconfortavelmente local? "Miséria social e pessoal, sujeira, doença, pobreza extrema, crime, violência" – aqui vai-se ler, parenteticamente que seja, tudo o que ele reclama não encontrar nem nos autores que mais admira de sua geração (como Amit Chadhuri). Este compromisso explica, também, sua aversão ao vocabulário do realismo mágico e outras estilizações exóticas.

Num ensaio abrangente sobre a literatura indiana moderna, Mishra cita com respeito um comentário de Naipaul, ressaltando neste contexto a necessidade de escrever de um modo "nem exageradamente explicado, nem embelezado, nem simplificado demais"[4]. Seu romance, escrito em ritmo de "andante", equilibra-se num contraponto de vozes, o que lhe permite explicar sem exageros, e até nalguma medida simplificar um pouco as coisas, mas não demais. De um lado, a inocência do narrador, chegando à vida adulta e aprendendo a se sustentar num universo de autoilusões e falsidades; de outro, a relativa experiência de suas quase-mentoras ocidentais, a vizinha inglesa mais velha, Mrs. West,

3. Ver, entre outros, "The Other India", *The New York Review of Books*, Dec.16, 1999; e "On Not Growing Old in India", *Times Literary Supplement*, May 7, 1999.
4. "A Spirit of Their Own", *The New York Review of Books*, May 20, 1999.

e a jovem francesa Catherine, menina rica com quem Samar tem um breve, mas inesquecível caso (triangular, malfadado). É essa combinação que lhe abre espaço para escrever sobre a Índia com olhar estrangeiro e sobre os estrangeiros com olhar indiano.

Mas a própria ideia do que seja "indiano" está em xeque, para esse observador inexperiente, capaz de aprender rápido sobre os outros, mas nem tão rápido sobre si mesmo. Samar é um grande leitor de Flaubert; mas não serão dele as ironias devastadoras da descrição, um dos pontos altos da prosa, nem o sentido muito flaubertiano, entre acusatório e carinhoso, do título do livro. Quem vê esses "românticos", no caso, não pode ser o próprio narrador, romanticamente a esmo em neblinas milenares, seja à beira do Ganges, ou do Himalaia (onde ele vai passar sete anos dando aula numa escola e tentando se curar de Catherine). Também não é ele quem escreve, com tanto gosto, palavras como *ashram*, *ghat*, *Allahabad* ou *thalis*, entre dezenas de outras, um vocabulário "estranho em minha boca", que colore virtuosisticamente o inglês.

É ele, sim, quem vê as "lojas saqueadas... os fragmentos de vidro quebrado nas ruas vazias e, aqui e ali, manchas esmaecidas no chão, de sangue não lavado", em regiões de conflito entre hindus e muçulmanos; e é ele quem vê o retorno a Benares, "as casas agora feitas de tijolos, com a fiação elétrica confusa, e as poças cobertas de lodo, circundadas pelos defecadores matinais, observando mansamente o trem que passa". Mas não pode ser ele quem descreve essas cenas, na linguagem mansa de um observador que não se espanta com nada, mas não barateia nada do que vê.

Há um estranhamento último no livro, que explica, talvez, sua forma cuidadosamente espraiada, tão próxima de um romance tradicional, mas tão sutil nas maneiras de escapar do conhecido. O livro cresce para os lados, tanto quanto para a frente. E todo ele pode ser lido como o prelúdio de uma outra narrativa, que não se lê. O que se lê, em retrospecto, só pode ser o resultado dessa outra história, que é a formação de um escritor.

"A água me corria pelo pescoço; minhas meias estavam encharcadas; meus pés, frios. Mas eu me sentia estranhamente calmo", diz o narrador, já no fim, quando foi capaz de se distanciar do próprio passado e das personagens que o habitavam. É só nesse ponto que pode ver o que passou. É nesse ponto que começa a enxergar onde está. É nesse ponto que encontra uma medida própria, entre tantas culturas em confronto. É nesse ponto, de estranhamento e calma, que começa a escrever o livro que acabamos de ler. É nesse ponto que ver e viver começam a coincidir; e ele pode voltar para a Índia, sem nenhum romantismo.

14.5.2000

17

Vladimir Nabokov, *Perfeição e Outros Contos*

Podemos começar com dois exemplos. O primeiro vem de uma passagem onde o narrador descreve aquele estado da consciência que, no último momento, por qualquer motivo (um ruído, uma luz, o corpo ao lado), não consegue adormecer. "As pequenas larvas desajeitadas do absurdo, que precedem as desinibidas borboletas dos sonhos, veem-se desastrosamente expostas a uma luz onde não são capazes de sobreviver, e é preciso começar de novo, relaxar a mente até que possa se desemaranhar."

É uma sentença característica de Nabokov. Ela nos convoca, logo de início, a dar o salto e acompanhar as imagens num universo paralelo, de metáforas raras. São um desafio à inteligência do leitor, como do autor também: parte do prazer da leitura é acompanhar a frase, para ver como pode acabar. A escrita, para Nabokov, é sempre uma performance; cada frase, um pequeno espetáculo. E cada metáfora, cada figura é uma outra forma de inteligência, num espaço plenamente literário.

O segundo exemplo é descritivo: "a terceira fotografia mostra uma fila de catorze meninas. Jane é a quarta, a contar da esquerda (está designada por uma cruz em cima da cabeça, sem a qual seria difícil reconhecê-la). Trata-se da cena final do *Conde de Gleichen*, de Yorick" – ao que se segue uma narrativa em três parágrafos da ação (inventada) da peça (fictícia) do autor (espúrio).

O exemplo foi escolhido, em parte, porque a capacidade de descrever tudo, de perceber e recolher o significado de cada detalhe, é tão típica de Nabokov quanto a exuberância das metáforas. Em parte, também, porque a fabulação – quase o oposto da percepção – não é menos característica. Labirintos, círculos, espelhos, xadrez: estes são alguns dos instrumentos mais repetidos na ficção do autor, que de certo modo é sempre a ficção da consciência fazendo um grande esforço, insuficiente, para não se perder de si.

Mas neste ponto, deve-se fazer uma ressalva. Porque essas frases são mesmo características, mas nenhuma é de Nabokov. A primeira vem de um conto de John Updike ("Falling Asleep Up North")[1], e a outra do romance *La Vie Mode d'Emploi*, de Georges Perec[2]. Updike, sem dúvida, está homenageando o Nabokov estudioso de borboletas, professor de lepidopterologia em Harvard. E Perec tem uma dívida confessa com o autor de *Lolita*. Outros exemplos, tão ou mais explícitos, não seriam difíceis de achar – de Martin Amis a Nicholson Baker, de Kingsley Amis a Julio Cortázar, Thomas Pynchon e até Luis Fernando Verissimo – e serviriam igualmente para mostrar como Nabokov, mais que um autor, é uma das vozes ressoando pela literatura moderna. Para nós, hoje, ele não está apenas em seus escritos, e na nossa memória, mas também, fantasmaticamente, na obra de outros tantos "pequenos Nabokovs", que ele perseguia como um ideal de leitor.

Exilado com a família durante a revolução russa, Nabokov foi aluno da universidade em Cambridge; viveu depois em Berlim e na França, e só escreveu seu primeiro romance em inglês em 1939, aos quarenta anos, na véspera de sua mudança para os Estados Unidos. Como autor e/ou tradutor de seus próprios livros, ele é tido, por consenso, como um dos maiores estilistas

1. *The Afterlife and Other Stories*, New York, Knopf, 1994, p. 222.
2. *La Vie Mode d'Emploi*, Paris, Hachette, 1978, p. 60.

em russo *e* inglês. "Conrad" – dizia ele, comparando-se a outro repatriado das letras – "sabia melhor do que eu como usar o inglês *pré-fabricado*; mas eu conheço melhor o outro tipo"[3]. O outro tipo: um inglês inventado, mais inglês que o dos ingleses, e trazendo consigo a sombra de uma outra língua, a memória de um russo também imaginário, país natal de Nabokov.

Para qualquer estrangeiro, como todos nós ao chegar nesse paraíso, o prazer de ler Nabokov tem seus requintes de masoquismo: como o de um pianista amador, assistindo a algum virtuose, e consciente de que jamais chegará a tocar assim. Há traços facilmente imitáveis, que se reconhece logo, na flor da pele da prosa de Nabokov: aliterações e rimas, vocabulário exótico, simetrias e suspensões. Há outros, ainda, mais subjetivos: a perversidade, a arrogância, a mistura de lirismo e frivolidade, o pedantismo, o sarcasmo protegido pela armadura de uma linguagem perfeita. Mas este é um Nabokov caricaturado por ele mesmo, um grande maneirista, mais do que um grande autor.

Este é o Nabokov que reaparece com maior frequência na literatura dos outros, o que é compreensível, porque um cacoete, ou um golpe de mágica é sempre mais fácil de aprender do que uma personalidade. Na nota introdutória a "As Irmãs Vane", a última e melhor história em *Perfeição*[4], o autor nos informa que um truque como o do acróstico – o surgimento de duas mulheres mortas, que "aparecem" ao se juntar a primeira letra de cada palavra do último parágrafo – "só pode ser tentado uma vez a cada mil anos de ficção". Mas, depois deste exemplo, ele está ao alcance de qualquer um: artistas como Updike e Perec, ou outros muito menores, qualquer autor de resenha, ou de orelha de livro. Imitar Nabokov é impossível; mas não é tão difícil remanejar os seus artifícios.

Automaticamente retoma temas. Histrionicamente urde realidades. Nabokovianamente encena sonhos tornados reais, ou vigorosamente sacrificados: kilomemórias implodidas.

3. S. Karlinsky (ed.), *The Nabokov-Wilson Letters 1940-1971*, London, Weidenfeld and Nicolson, 1979, p. 253.
4. Tradução de Jorio Dauster, São Paulo, Companhia das Letras, 1996.

Num lindo livro recém-publicado, *The Magician's Doubts – Nabokov and the Risks of Fiction*, Michael Wood define a diferença entre "estilo" e "assinatura"[5]. Assinatura é o hábito de um escritor, que o identifica de pronto, como a calculada exuberância e o diabolismo de Nabokov. Já o estilo é algo de mais secreto, a maneira como o autor se dá para as coisas, sua relação construída com o mundo. A assinatura, para quem tem, é fácil, uma resposta pronta às dificuldades. O estilo é difícil; mas sem ele, no instante crítico, ninguém continua escrevendo.

O estilo em Nabokov fica ofuscado pelo brilho da assinatura. Mesmo seus leitores mais devotados perdem a paciência, às vezes, com esse trapezista das palavras. Há alguma coisa de juvenil, de humor de aluno inglês, nas suas crueldades gratuitas e seu narcisismo. Mas este é um lado menor. Para falar numa linguagem abominada por ele, é uma "defesa" contra experiências imensamente difíceis de tratar e tocantemente reencenadas na sua literatura.

Com 23 anos Nabokov já perdera muito do que se pode perder na vida: o país, a fortuna, a família (dispersa no exílio) e o pai (assassinado por engano, num comício). Sobrevivendo como professor de tênis, em Berlim, devotado à eterna Véra das dedicatórias, e em menor escala ao xadrez e às borboletas, Nabokov começa a escrever contos, para jornais de emigrados. Dois dos primeiros, de 1924, estão nesta antologia, acompanhados de outros dez do período Paris-Berlim e de um décimo terceiro, para completar uma dúzia nabokoviana. São todos contos de desastre, mas não de desespero, porque Nabokov, a despeito de tudo, é um artista da alegria.

Nem a "destruição" (no título original da coletânea, *Tyrants Destroyed*, em tradução de Dmitri Nabokov, revista pelo pai)[6], nem a "perfeição" irônica do título brasileiro conseguem sintetizar o afeto misto que perpassa o livro, em todas essas histórias

5. M. Wood, *The Magician's Doubts – Nabokov and the Risks of Fiction*, Princeton, NJ, Princeton University Press, 1995, pp. 23-28.

6. *Tyrants Destroyed*, London, Weidenfeld and Nicolson, 1975; Harmondsworth, Penguin, 1981 e reeds. Ver também a recente edição dos contos completos de Nabokov, *The Stories of Vladimir Nabokov*, New York, Knopf, 1995, incluindo treze nunca antes publicados em inglês.

de miseráveis, atores, poetas, professores, pequenos e grandes burgueses e nobres russos perdidos no exílio. A destruição *da* perfeição parece, às vezes, o tema de Nabokov, memorialista da infância perdida, do instante único e das destruições do acaso. Ele é um grande poeta da interrupção e do erro. Que a forma, então, seja um milagre de controle torna a equação mais complexa e paradoxal. É o mesmo artista absoluto da palavra quem pode falar desse "instrumento tosco que é a linguagem humana".

Eis alguns exemplos do instrumento tosco, na tradução de Jorio Dauster: "que fosse exilado para alguma ilha rasa e longínqua com uma única palmeira, a qual, como um negro asterisco, apontaria para o fundo de um inferno perpétuo feito de solidão, desonra e impotência" ("A Destruição dos Tiranos", p. 13); "certa vez, em criança, havia erguido os olhos ainda sonolentos ao acordar e vira, inclinando-se para mim por sobre a cabeceira da cama, um rosto incompreensível, sem nariz, com um bigode preto de hussardo logo abaixo dos olhos de polvo, os dentes na testa. Sentei-me com um grito e imediatamente o bigode se transformou em sobrancelhas, surgindo, inteiro, o rosto de minha mãe" ("Terror", p. 106); "um poste, negro contra a luz do sol poente, passou rápido e interrompeu a gradual ascenção dos fios, que caíram como uma bandeira quanto o vento cessa de soprar. Mas furtivamente começaram a erguer-se outra vez" ("Uma Questão de Sorte", p. 128); ou este detalhe, na hilariante descrição de uma festa, em "As Irmãs Vane", os copos "que se multiplicavam como cogumelos à sombra das cadeiras" (p. 197).

Nem sempre, como aqui, a tradução consegue acompanhar a irônica estranheza e a estranha ironia do original; nem as concisões e alusões cifradas de um dos maiores encantadores de sentenças de todos os tempos[7]. Mas é quase sempre possível imaginar

7. Três exemplos, entre outros, de uma escrita diminuída em tradução não desacreditam o belo trabalho de Jorio Dauster: as *flute girls* que não estavam na festa de Cintia Vane parecem um tanto explícitas demais como "jovens musas tocando flautas" (p. 196); uma cadência como "future tyrants, tigroid monsters, half-witted torturers of man" perde o pé como "futuros tiranos, esses monstros tigroides, tolos torturadores de seres humanos" (p. 39); e o bilhete de morte de

o inglês por trás do português, e isto, afinal, é só mais uma torção nas prestidigitações linguísticas de Nabokov. O "russo", que ele reclamava como sua maior privação, e que ele nos força a imaginar – com trocadilhos, citações, comentários – como o original até de seus textos escritos diretamente em inglês, também não passa de uma ilusão, uma ficção da perda, que ele cultiva cuidadosamente, como tradutor de si mesmo em qualquer língua. A tradução, exercida notoriamente em sua edição comentada de Púchkin[8], é a imagem por excelência deste escritor votado ao inalcançável, a recuperar com palavras o momento irrepetível do presente e o movimento repetido do passado. É uma arte perfeita do quase perfeito, a reencenação sempre parcial e transfigurada de uma experiência dolorosa demais para se contar.

Reunido neste formato pela primeira vez em 1975, o livro é desigual; mas contém ao menos duas obras-primas. "Uma Questão de Sorte" (1924) narra as últimas horas de um garçom russo no expresso Berlim-Paris, exilado, cocainômano, literalmente morrendo de saudade de si mesmo e da mulher, e viajando, sem saber, no mesmo trem que ela, num ritmo torturante de quase-encontros e perspectivas trocadas. Seis anos mais tarde, um personagem de mesmo nome reapareceria no primeiro romance de Nabokov, o extraordinário antiépico do xadrez, *The Luzhin Defense*[9]. No romance, como no conto, aquilo que o menino Luzhin mais admirava nas aventuras de Phileas Fogg e Sherlock Holmes, "uma estrutura se desenvolvendo precisa e inexoravelmente", assume um caráter que, além de formal, é fatídico. Os desacertos da história vão se articulando como engre-

Sibila Vane, no papel de prova do professor D., "Death was not better than D minus, but definitely better than Life minus D" fica sem o duplo sentido como "a Vida já me havia reprovado". Mas os acertos do tradutor são em número muito maior, como deve ter ficado claro nas citações acima.

8. Aleksandr Pushkin, *Eugene Onegin. A Novel in Verse*, translated and with a commentary by Vladimir Nabokov, Princeton, NJ, Princeton University Press, 1990, 2 vols.

9. *The Luzhin Defense*, Harmondsworth: Penguin, 1994, posfácio de John Updike. Até esta data o livro era conhecido em inglês como *The Defense*.

nagens, num mecanismo que faz correrem juntos a narrativa e o destino frustrado dos protagonistas. Tudo poderia dar certo: dá quase certo: a fatalidade é uma questão de pequenos desvios, de má sorte. Cabe perguntar o papel do autor, construindo ciladas como essa para seus personagens, ou coisa pior.

Num ensaio sobre a estética de Nabokov, o filósofo Richard Rorty indaga como "nossas tentativas de chegar à autonomia, nossas obsessões pessoais com atingir alguma espécie de perfeição podem nos tornar insensíveis à dor e humilhação causadas"[10]. Nabokov, para ele, é um autor estrategicamente situado na fronteira entre o prazer e a crueldade. A ambivalência sentida por seus leitores, mesmo grandes admiradores como Michael Wood, Rorty, ou o romancista irlandês John Banville[11], o fato de que essa prosa pode nos soar, simultaneamente, magnífica e repulsiva ganha, assim, uma intenção autoral. Ela nos obriga a condenar o mesmo autor dessas incandescências, porque, afinal, ele também já se condenou: "sua capacidade descomunal para a alegria, sua habilidade idiossincrática de experimentar um prazer tão enorme a ponto de ser incomensurável com a existência do sofrimento e da crueldade torna-o incapaz de tolerar a realidade do sofrimento"[12]. A imaginação da crueldade (a delicada visão de uma cabeça, por exemplo, descansando no para-choque de um trem, aguardando a chegada de outro) pode-se confundir com as delícias da narrativa, num conto como "Uma Questão de Sorte". Mas se é o autor quem permite, ou repete essas deflagrações do sofrimento, isto não parece uma forma de atenuá-las, mas precisamente de condenar o seu praticante, o autor *da história*, que ironicamente não coincide com o autor *desse autor*. Nesta luz, as duplicações de Nabokov representam quase uma expressão de coragem, e formam

10. "The Barber of Kasbeam: Nabokov on Cruelty", *Contingency, Irony, Solidarity*, Cambridge, Cambridge University Press, 1989, p. 141.
11. Ver a resenha de Banville do livro de Wood, "Nabokov's Dark Treasures", *The New York Review of Books*, vol. 42, n. 15 (5.10.1995), pp. 4-6.
12 Rorty, *op. cit.*, p. 155.

um contrapeso às fulgurações da prosa. Sadicamente anticruel, o narrador (com uma voz que ressoa por toda sua obra) expõe-se como poucos ao desprezo de seus leitores. Entre as respostas de Nabokov ao seu século, esta é, talvez, a mais oblíqua: uma questão não de sorte, mas de estilo, muito além da assinatura.

Outros exemplos semelhantes se espalham pela coletânea. Há o caso do menino David, no conto que dá título ao livro, e que tem por base o silogismo proposto por seu tutor: "a criança é o representante mais perfeito da humanidade; David é criança; logo David é perfeito". David não é perfeito – mas representa, perfeitamente, certos traços desnecessários da espécie. Há um caso de violência infantil duramente vingado anos mais tarde por um ator russo no exílio ("Lik"). "A Destruição dos Tiranos" é um exemplo raro de conto político, ou ideológico; a crueldade, aqui, tem escala maior, mas a resposta do autor, inversamente, é tímida. Outros tormentos, mais delicados, do coração, formam o enredo de duas histórias dedicadas à arte da música. A primeira ("Música") homenageia, à sua maneira, a *petite phrase* de Proust. Na outra, Bachmann, um pianista, vem se integrar à companhia dos dois Luzhin, de Lik, do tutor e de outros tantos desajeitados sofredores e causadores de dor.

A segunda obra-prima é "As Irmãs Vane", a história do acróstico, rejeitada pela revista *New Yorker* em 1959. Juntamente com outros contos da maturidade, escritos em inglês, como "Scenes from the Life of a Double Monster" e "Lance" (esta última talvez a melhor história de ficção científica jamais escrita – sem naves, sem máquinas, sem monstros, sem extra-terrestres), ela faz pensar no que Nabokov não poderia, a esta altura, ter feito do conto como um gênero novo. Quem escreve, a rigor, são dois fantasmas, mulheres mortas que acompanham o narrador sem que este jamais se dê conta, mas que surgem aos nossos olhos (não nos dele) no arrepiante último parágrafo, uma prosa que não é mais deste mundo, como as sombras de pontas de gelo e do parquímetro, na insuspeitada assombração inicial.

Alusões e nomes costuram uma trama de interferências literárias. O que dizer de Sybil Vane, a finada aluna de francês do professor D., reencarnando a Sybil Vane que se mata por amor de Dorian Gray, e anunciando outra sombra, Sybil Shade, mulher do poeta John Shade em *Pale Fire*? Como a Sibila de Virgílio, também esta parece amaldiçoada pela imortalidade; e também ela, a seu modo, conduz um herói aos infernos. Oscar Wilde, que chega a fazer uma breve aparição na *séance* espírita de Cynthia Vane, junta forças com Coleridge, outro espírito renascido em forma de mulher. Cynthia, no caso, é um nome da lua, que se reflete nas pontas de gelo, como em "Frost at Midnight", e que tem no bibliotecário Porlock mais um representante do autor do poema psicografado "Kubla Khan"[13]. O poeta Keats também comparece, quem sabe, na nota sibilina da primeira irmã, escrevendo em francês equivocado que "cette examain est finie ainsi que ma vie", confundindo a mão (*main*) que escreve o exame (*examen*) com "esta mão quente, [quando] estiver na tumba" de "The Fall of Hyperion"[14]. Mas o que fazer das alusões? E da teoria das "auras intervenientes" de Cynthia, visitada rotineiramente pelos mortos?

Michael Wood lê o conto em conjunto com "Signs and Symbols" (1948) e vê nos dois um estudo, não propriamente da assombração, mas da paranoia. A construção de significado não para nunca e uma simetria ocasional torna-se uma cifra para o intérprete encantado. A paranoia, neste caso, talvez seja mais especificamente uma doença da autoria: a noção de que a escrita nos vem de algum lugar, vem dos outros, das musas, de um sonho ("de alguma forma imbuído da presença de Cynthia"), de um poema, da linguagem, de outro autor; assim como, em projeções opostas, pode gerar significados futuros, fortuitos, quem sabe até anagramáticos, "palavras sob as palavras", como se atormentava Saussure. Quem pode dizer o que está por trás

13. Segundo uma história relatada por Coleridge, foi a visita de um alfaiate de Porlock que interrompeu a redação do poema "Kubla Khan", supostamente ocorrido ao poeta num sonho.
14. Vale notar que Keats é o autor, também de um poema "Acrostic" dedicado à "irmã", sua cunhada, *sister-in-law*.

de uma simples palavra, para você, para mim, para Nabokov? Quem pode medir o que o instrumento tosco da linguagem não diz ou deixa de dizer?

Nabokov, o grande "redistribuidor de detalhes"[15] faz da comédia lírica das pontas de gelo apostando corrida com a sombra, na primeira página, uma repetição antecipada dos "gordos pingos da chuva esparsa", no último encontro entre D. e Cynthia, e a questão é saber se nós também, como o bibliotecário Porlock – estupefato com a troca profética da letra "h" por um "l" na palavra *hither* – estamos imaginando coisas ou, pelo contrário, não vemos nada, onde deveríamos ver. A questão maior, aqui como em inumeráveis exemplos nos romances, é resistir à repetição. Nas palavras do grão-mestre enxadrista Luzhin: "arquitetar uma defesa contra essa combinação traiçoeira, e livrar-se dela". O gênio do controle, sem simpatia por Kierkegaard, nem pelo grande teórico vienense da repetição, aceita aqui a presença de outros gênios, fontes animadas de inspiração, figuras presentes do passado, com forma feminina.

"Nós não pensamos com palavras, mas sombras de palavras", dizia Nabokov, referindo-se a si mesmo, como um fantasma por trás da pessoa inventada escrevendo em inglês. Mas um autor como ele não tem nenhuma ilusão sobre a capacidade da literatura de recuperar nossas perdas. A justiça da forma, nessas histórias, está sempre negada pela desordem humana subjacente. E ele se torna um autor quando percebe que a perda é precisamente sua fonte de significado: "eu o estou vendo pela última vez. Na verdade, é o que penso sempre sobre tudo..." Este é um Nabokov muito diferente do mandarim autoconfiante, do autor das introduções, do narrador gelado, que talvez não seja mais, afinal, do que um personagem construído para rebater as raivas da História e a piedade, ou pieguice dos outros. O verdadeiro narrador quase não se deixa ver: é como uma sombra, contando outra história, que só pode ser contada assim.

15. A expressão é de Anthony Lane, em sua resenha da nova edição dos contos completos de Nabokov: "From Russia With Love", *The New Yorker*, 4.12.1995, p. 108.

Nosso autor ganha, com isto, outra dimensão. O "incomparável distilador do inefável", como escreveu Updike[16], também é um dos cronistas mais delicados, se bem que oblíquos, de calamidades e crueldades concretas demais para serem ditas. "A história dos homens é a história da dor", pensa consigo o professor exilado Pnin[17]. Entre a omissão e a lembrança das perdas, o ficcionista encontra seus momentos, colecionados com toda a paixão de um caçador de borboletas. Seu duplo habita outras memórias e outra língua, multiplicadas pelo fantasma de cada leitor, quando vem assombrar a felicidade da prosa de Nabokov.

11.2.1996

Reeditado em: *Revista* USP, v. 29, março-maio/1996.

16. "Proud Happiness", *Hugging the Shore. Essays and Criticism*, New York, Knopf, 1983; Hopewell, NJ, The Ecco Press, 1994, p. 244.
17. *Pnin*, 1957; New York, Vintage, 1989.

PARTE III

Catástrofe e Representação

Wahr spricht, wer Schatten spricht.

PAUL CELAN, "Sprich auch du"

[Diz a verdade quem diz sombra.]

18

Sebastião Salgado: *Êxodos*

Uma forquilha escura, mínima no centro inferior da foto, a forma diminuída e invertida do vale arenoso ao redor. Pela trilha do meio se aproxima um jipe branco. No casario modesto, para além de uma cerca à esquerda, nenhum movimento. Toda a tensão se concentra neste vulto escuro, correndo de um lado para o outro do vale. É um migrante ilegal, tentanto cruzar a fronteira entre o México e a Califórnia; corre de volta para seu país, fugindo da patrulha.

Linhas, planos, perspectiva, massas, grão: a foto é caracteristicamente virtuosística. Mas há aqui uma outra virtude, também característica, e para a qual a palavra "virtuosismo" soa inapropriada. Pois não há uma foto de Sebastião Salgado onde não se exponha a tensão humana, nalgum limite da vida, e a tensão do fotógrafo em testemunhá-la.

A foto é exemplar deste livro de *Êxodos*, onde tantas tentativas de liberação acabam frustradas e a "humanidade em trânsito" parece reduzida a um ciclo infernal de pobreza e violência[1].

1. São Paulo, Companhia das Letras, 2000.

A "convulsão populacional global" foi registrada, em preto e branco, ao longo de seis anos de viagens por quarenta países. O resultado é um conjunto de fotografias e textos que, juntos, inauguram um novo gênero, entre o ensaio e a arte, e nos forçam a repensar a natureza de um e outro.

São quatro grande seções: migrantes e refugiados, a "tragédia africana", campo e cidade na América Latina e as novas megalópoles asiáticas. No conjunto, o livro lê o mundo, planetariamente. Sebastião Salgado tornou-se uma espécie de consciência ocular da humanidade, com o olhos voltados para os 95% da população que vivem em condições desumanas, comparadas às dos 5% restantes. "Olhos", no caso, chegam a ser um sentido novo, indissociável da consciência: olhos e espírito são uma coisa só, neste nível de comprometimento.

A leitura das fotos em conjunto é muito diversa da visão de uma ou outra isolada. Falar neste contexto em "estetização da miséria" (uma acusação habitual) soa pouco convincente. Não se trata de estetizar, no sentido de embelezamento ou apropriação; mas de enxergar com propósito. As fotos, vistas em sequência, não sugerem a perseguição da forma; e sim formas da perseguição de algo que não tem contorno, mas se deixa adivinhar nas sombras e brilhos desses rostos e paisagens.

Nomes fantásticos, como "Gibraltar" ou "Xangai", são atualizados em termos comuns do sofrimento incomum que essas fotos não se cansam nunca de denunciar. Como seu precursor bíblico, este também é um "Livro dos Nomes": tadjiques, kosovares, hutus, hondurenhos, curdos. São palavras que ganham vida nestas circunstâncias, em que a vida parece tão precariamente preservada. Para nós, "brasileiro" agora também ganha acento estranho, em contraponto implícito à miséria de outros lugares.

"A espécie humana é uma só", diz Salgado na introdução. E em muitas das fotos ele parece mesmo estar vendo a humanidade como espécie. Especialmente nas cenas de multidões: refugiados ruandeses abastecendo-se de água num rio da Tanzânia, um acampamento atulhado do MST no Paraná, o fluxo de gente entre os trens parados na estação de Bombaim, sob placas anunciando WILLS ("vontades").

Essa espécie tem filhotes – e as crianças têm papel especial nas fotos, seja em *Êxodos*, seja num outro volume comovedor, dedicado exclusivamente a elas (*Retratos de Crianças no Êxodo*)[2]. Meninos sudaneses cortam o país sozinhos, escapando da guerrilha. Sem o comentário escrito, nossa reação, nesse caso como em tantos outros, só poderia ser a pergunta, entre chocada e pasma: "o que é isso?" Milhares de crianças, numa prisão de refugiados vietnamitas em Hong Kong, nunca viram um cachorro, ou um jardim; nasceram e se criaram entre concreto e arame farpado. Mesmo assim, elas brincam; e, assim como elas, muitas outras crianças ainda riem e pulam e gritam, por um tempo que seja, no meio da devastação.

Uma foto, em particular, provoca estranhamento: uma multidão de bebês, sozinhos, aglomerados num terraço. Num canto, um esmagando a cabeça de outro; no meio, um mais forte se erguendo, apoiado nos braços; muitos se mexendo, um único ao fundo sentado, com olhar perdido, num cadeirão. O cenário ao longe é uma massa de prédios altos, impenetrável. Que cena estranha. Que cidade inimaginável. Um olhar mais detido é o bastante para nos cortar o ar: aqueles prédios na distância são o bairro de Higienópolis, em São Paulo. O outro mundo é aqui, do lado de casa.

Mas nem tudo no livro causa horror. Cenas de maravilhamento vão da felicidade tranquila dos índios da Amazônia a um banho de chuva nas Filipinas, ou à revoada das gaivotas, à noite, em torno aos minaretes da Mesquita Azul, em Istambul. Num contexto de tantas perdas, castigos e mortes, cenas assim descansam o coração, mesmo se não chegam a ser uma lição de esperança. Qualquer maçã, qualquer boa-tarde já seria uma bênção para quem sai das visões do livro. Encontrar outras bênçãos dentro dele é uma lembrança benvinda de outros sentidos menos ferozes da palavra "humanidade".

2. São Paulo, Companhia das Letras, 2000.

Cena prosaica, numa favela chinesa em Bombaim. Um homem dormindo, num degrau do chão, de costas para a câmera. A seu lado uma criança de colo, suja, sem roupa, o rosto cheio de feridas, o olhar manso, parado. Uma cabra e um cabrito se acomodam com eles. Ao fundo, quase imperceptível, mas bem no centro da foto, pela fresta de um tapume que chega quase até o solo, um menino nos espreita.

A foto parece uma alegoria do livro. Porque não somos só nós que olhamos para essas cenas, para essa multiplicação de surpresas, que chega a dar medo de virar a página, mas nos compele humanamente a continuar. Do fundo das fotos, no meio da turbulência, um menino como esse nos vê, antes de ser visto. O que a gente vê não é bonito; e o que ele vê também não. Essas fotos são a fronteira onde os olhares se cruzam, um êxodo de uma outra espécie, a passagem fugaz para um outro mundo, que essas fotografias não mostram, mas tanto gostariam de ver.

20.4.2000

19

Teatro da Vertigem: *Apocalipse 1, 11*

"As palavras vão perder o significado", anuncia o carteiro, de cima do telhado da casa de detenção. "Ganhar" talvez fosse mais apropriado. As palavras vão ganhar de novo um sentido perdido, nas circunstâncias extraordinárias desse *Apocalipse* brasileiro do Teatro da Vertigem[1]. O teatro de imagens e sensações, um teatro da presença, é também o teatro do testemunho e da reflexão, e nos força a dar outro sentido a palavras como "teatro", "apocalipse" e "Brasil".

Escrito no exílio, na ilha grega de Patmos, em fins do século I, por um João que não era o mesmo São João do Evangelho, o *Apocalipse* permanece um dos livros mais influentes da nossa cultura, que jamais cessa de reler e reescrever a Bíblia. "Apocalipse" quer dizer "revelação"; e essas visões do fim dos tempos, sangrentas, sem piedade, vêm sendo interpretadas variadamente como a verdade de cada tempo, ou a verdade por vir.

1. *Apocalipse 1, 11*. Teatro da Vertigem. Dramaturgia Fernando Bonassi. Direção: Antônio Araújo, Presídio do Hipódromo, São Paulo, março de 2000.

Quanto mais se põe, mais se tira de um texto tão rico de símbolos. O que é literal e o que é figurado nem sempre se pode distinguir, nem o que é iminente (o "fim dos tempos") e imanente ("Apocalipse *agora*"). Uma camada serve de contraponto para a outra, e os sentidos se enriquecem pela sobreposição.

Pode soar improvável a reencarnação do poeta histérico de Patmos no dramaturgo furioso da Mooca. Que a lista de recriadores de João inclua Dante, Milton, Blake e Melville, ou um grande romancista atual como Thomas Pynchon, dá a medida de audácia de Fernando Bonassi. Mas o ciclo alucinatório de perseguição-destruição-recompensa ganha acentos locais com a naturalidade que se pode esperar de um escritor de vocação tão brasileira.

O "pão da maldade" e o "vinho da violência" são uma dieta cotidiana, traduzida aqui em imagens fantasticamente próximas, fantasticamente distantes. Sua linguagem suja é um idioma da pureza: a "pura buceta" de Babilônia tem convicções e legitimidades que só um espectador insensível poderia comparar à escatologia – a não ser no sentido estrito da palavra, o estudo das coisas finais.

Autores como Bonassi têm impaciência com a literatura: se pudessem, diriam as coisas como são. Isso não é possível; exceto, nalguma medida, aqui no teatro, onde os sentidos vivem a olhos vistos. A palavra "fogo" e o fogo incendeiam um ao outro. Toda a sofisticação da montagem deixa-se esconder, analogamente, na cuidadosa brutalidade do que se vê e se vive dentro desse presídio abandonado.

Não se pode, mesmo, falar desse texto sem repassar na memória as imagens do espetáculo, um acervo que cada um vai levar na alma até o fim dos tempos. Os carnavais de Oswald de Andrade, e os rituais de José Celso Martinez Corrêa, estão (mais ou menos distantemente) por trás (ou para trás) da trilogia bíblica de Antônio Araújo. Depois do *Paraíso Perdido* e do *Livro de Jó*, ela se completa num espetáculo que afirma mais um fim de certa ideia de teatro, e o advento de outro.

O que se vê e vive, a rigor, é o que vê e vive o novo João, que chega de mala rota e roupa puída em busca da Nova Jerusalém. Acossado, escuta as ordens do Anjo Poderoso, de casaco de couro e botas pretas, e gramática paulista: "Escreve o que você vê num livro e envia-o às sete igrejas..." (*Apocalipse* 1, 11). O que ele vê, de imediato, e nós com ele, não é pouca coisa, na boate New Jerusalém. Ali começa a parada de aberrações e atrocidades, que "revelam", sem que se possa desviar o olho, as normalidades e ferocidades de um país inacreditável, igual ao nosso. O sexo explícito, tão comentado, é o que menos impressiona, entre tantas explicitações desconfortáveis.

Texto e montagem correm muitos riscos, e o resultado vence quase todos com uma convicção tamanha que o espetáculo, em si, ergue-se como exemplo de resistência. Uma ou outra cena poderia ser menor? Talvez. E há exageros de caracterização, como a personagem Talidomida do Brasil, que nem o virtuosismo dos atores e do diretor pode salvar. O saldo negativo é pequeno, comparado ao que há de original e forte. A descida do Juiz, dos céus obscuros para a corte no saguão das celas. Sua autocondenação, ao som do inesperado solo, sem nenhuma obviedade, da cuíca. A ascenção da Noiva, em movimento contrário, escada acima, soprada pelo vento das chamas. Os delírios da Besta, *drag-queen* e mestre de cerimônias da boate; o silêncio de seu duplo, Jesus. A humilhação do negro e as dúbias glórias de seu antípoda, o Pastor Alemão. A queda da Babilônia, tripudiada no chão imundo, em camisa de força.

Atores que passam o inimaginável são também grandes artistas do texto – algo raro no teatro brasileiro, onde uma praga divide talentos do corpo e da palavra. Atores atuam: a plateia vê: e um certo casamento misterioso se consagra, porque quem vive isso junto só pode manter laços de respeito e afeto.

O tratamento da plateia, em especial, tem de ser pensado neste contexto. Confrontados com o inferno, vivendo de perto o que não concebem nem de longe, conduzidos pelas celas e corredores desse pesadelo, os espectadores não são objeto, nunca, da violência. Um limite estreito – pelo menos uma vez, na impressionante cena do corredor polonês, um limite mínimo – jamais é transposto, e a plateia aprende a confiar na discrição do diretor. Em retrospecto, esse comportamento sugere uma lição oblíqua:

a relação entre o espetáculo e o espectador é precisamente um modelo do que não existe em tudo o que se vê em cena.

"Testemunhai!", diz o Anjo Poderoso a João. E ele vai passar o resto da peça em silêncio, de olhos abertos, espantados, até o epílogo de mínima esperança. Mas se tudo o que vemos é o que ele vê, isso "revela" outra sobreposição. Porque "teatro" significa (aqui como nunca) exatamente isso: "ver". Reduzido ao máximo, esse apocalipse é o teatro – a visão – de um homem que vê. O teatro de um homem que vê o que não pode ser visto. O que não deveria existir para ser visto. O que sem ser visto não existe. O que não se vê. O que agora se vê no homem que viu para ser visto.

Nesse teatro, cada espectador se vê, também, transformado na testemunha da testemunha – alguém que vê aquele que vê. E é nesse momento, então, que o próprio teatro chega a um apocalipse: cada um que saia, depois, carregando as revelações por dentro, para ver, como puder, o apocalipse de fora.

9.3.2000
Reeditado em Teatro da Vertigem, *Trilogia Bíblica*,
São Paulo, PubliFolha, 2002.

20

Um Filme Sem Imagens

O texto abaixo é a transcrição de uma palestra, pronunciada no Núcleo de Estudos Judaicos da Universidade Federal do Rio Grande do Sul (Porto Alegre), em 16.5.1998. Certas redundâncias e incoerências da fala foram, nalguma medida, diminuídas; mas preservou-se o registro oral e a sequência nem sempre geométrica de ideias[1].

Lançado em 1985, o filme *Shoah*, do diretor francês Claude Lanzmann, põe em xeque muitas questões relevantes para nosso momento atual. Não só no que toca à memória do holocausto, em si, e

1. Cabe agradecer à professora Maria Nestrovski Folberg pelo convite e também pela incitação para registrar em forma escrita este texto. Agradecimentos ainda aos profs. Roberto Acízelo Quelha de Souza e Lúcia Teixeira, não só pela hospitalidade na revista *Gragoatá* (onde o texto apareceu pela primeira vez, no volume 16, 2004), mas também pelas valiosas correções e sugestões. A primeira versão do texto foi reeditada em Sabrina Sedlmayer e Maria Esther Maciel (orgs.), *Textos à Flor da Tela – Relações entre Literatura e Cinema*, Belo Horizonte, Fac. de Letras da UFMG, 2004.

da representação cinematográfica de eventos dessa natureza, mas também no que diz respeito a vertentes centrais da literatura e das artes hoje – que por sua vez sugerem discussões em outras disciplinas, como a história e a psicanálise. O assunto mereceria amplo estudo; nossa intenção, aqui, antes de mais nada, será apresentar o tema, sugerindo direções de pesquisa. Vamos primeiro fazer um comentário de ordem geral, com referências a vários autores; depois, tratar um pouco do filme. Nesse contexto, também cabe estudar um ou dois poemas de Paul Celan, para dar ao menos alguma ideia de como as questões implicadas no filme perpassam outras áreas da cultura, de modo especialmente relevante para os nossos dias. No final, então, voltaremos a *Shoah* – se é que se sai de um filme desses, uma vez tragados para o que ele nos ensina.

Podemos começar com algumas citações. A primeira é de um autor extraordinário, um professor americano, já falecido, chamado Terrence Des Pres. Na introdução a um livro sobre Elie Wiesel – *Legacy of Night*, de Ellen S. Fine[2], um trabalho relativamente antigo, de 1982 –, Des Pres escreve o seguinte: "O holocausto *aconteceu*. Este é em si o fato intratável, que não se pode apagar e do qual não se pode fugir. Nós vivemos no tempo que veio depois, e acho que não exagero ao dizer que o holocausto nos forçou a repensar radicalmente tudo o que somos e tudo o que fazemos".

A mesma ideia (ou quase a mesma) reaparece em vários autores. O holocausto é um evento de tamanha magnitude que nos força a repensar não só o que aconteceu em meados do século, mas também a cultura hoje; ele nos força a repensar nossa própria ideia de história até e depois daquele momento.

Outro autor americano, Dominick LaCapra, escreveu não faz muito um excelente livro, *History and Memory after Auschwitz*[3]. A "história", no caso, significa mais propriamente a "historiografia", a história da história, não a história do holocausto, mas das repercussões desse evento e da tradição de comentários a ele. E

2. Há uma nova edição do livro, publicada pela State University of New York Press (1994).

3. Ithaca, Cornell University Press, 1998.

LaCapra diz o seguinte: "As coisas mudaram por conta da *Shoah*. Mesmo eventos que aconteceram *antes* do holocausto não podem mais ser compreendidos ou lidos da mesma maneira".

Isso parece um ponto fundamental. Não só nossa compreensão do evento e a compreensão do que veio depois foram afetadas: a compreensão de tudo o que veio antes, também, foi afetada pela *Shoah*. Já Paul Valéry tem uma frase que é quase o contrário da de LaCapra. Ele dizia: "o futuro não é mais o que era". Então o passado não é mais o que era e o futuro também não. A *Shoah* é um evento de tal natureza que transforma a nossa compreensão de tudo o que veio antes e tudo o que veio depois.

Mais duas citações. Primeiro, algumas palavras daquele que talvez seja o maior comentador, junto com Wiesel, e talvez o maior teórico da história do holocausto, Saul Friedman. Ele é o organizador de uma coletânea chamada *Probing the Limits of Representation*, de 1992, onde diz o seguinte: "Na verdade, as questões relativas ao holocausto estão relacionadas ao modo como a cultura contemporânea pensa não só sobre seu próprio passado, mas sobre si mesma".

É mais ou menos a mesma ideia. Mas, se Terrence Des Pres nos força a repensar o que vinha antes, LaCapra nos diz que tudo se alterou por conta da *Shoah* e Valéry nos diz que o que vem depois também vai ter que ser pensado de outra forma, Friedman resume estas posições dizendo que de fato o que se alterou é a forma como nossa cultura pensa a si mesma. Em outras palavras, as relações que a nossa cultura tem com esse evento definem, de fato, as relações que ela tem consigo.

Esse efeito retroativo é uma coisa que se conhece bem na literatura. Não seria o caso de fazer uma analogia, porque não há analogia possível com a *Shoah*, mas entre parênteses, só para dar uma noção do tipo de transformação ocorrido, podemos tentar uma aproximação: o efeito que tem uma grande obra quando aparece na tradição é justamente esse, transforma tudo o que veio antes, assim como o que veio depois.

Parêntese do parêntese: pode-se dizer que a teoria literária está mesmo por trás – se não como fonte, ao menos como campo de pensamento – dessa concepção aberratória da história.

A aparição de uma obra no cânone afeta não só as obras que vêm depois, mas nos força a repensar tudo o que veio antes dela também. Ela passa a ser um ponto de referência, um marco de orientação. Ilusoriamente, retroativamente, parece ser um ponto ao qual as obras anteriores já estavam se referindo.

Isso constitui uma espécie de ilusão de ótica, mas é como funciona de fato a literatura – é assim que surge um autor. Kafka seria um exemplo, famosamente empregado por Jorge Luis Borges, no seu ensaio "Kafka e seu Precursores" (em *Outras Inquisições*[4]. Como diz Borges, vamos encontrar efeitos kafkianos, sugestões kafkianas, em toda a história da literatura; quer dizer, em obras muito anteriores a Kafka. Mas esses efeitos não existiam antes do surgimento de Kafka. Ele inventa não só a sua própria literatura, e causa efeitos não apenas sobre a literatura posterior, mas inventa também a literatura *do passado*. Inventa algo de kafkiano, que se passa a perceber, depois, mesmo em obras escritas séculos antes do *Processo* e da *Metamorfose*.

Eventos históricos dessa magnitude têm o mesmo caráter: eles nos forçam a repensar tudo o que veio antes, assim como tudo o que veio depois.

Sem entrar na seara dos historiadores, nossa preocupação com o tema aqui vai passar pela literatura e pelo cinema. Do ponto de vista literário, o evento tem uma importância também absolutamente fundamental, e não só para aquelas modalidades de literatura, de poesia e de arte em geral que se referem diretamente a ele. O efeito que esse evento tem, o tipo de dificuldade que necessariamente propõe, para aqueles que se aproximam do holocausto pelas vias da narrativa ou da poesia, é algo cuja influência vai se alastrar para boa parte da literatura mais relevante até do nosso próprio momento. Maurice Blanchot, com certeza um dos grandes prosadores nesse contexto, dizia o seguinte: "Daqui para a frente, toda a história será de antes de Auschwitz". Uma frase muito estranha: dá a sensação de estar

4. No volume 2 das *Obras Completas*, São Paulo, Globo, 1998.

lendo errado. "História", aqui, tem o sentido de "narrativa". E daqui para a frente, diz Blanchot, toda narrativa literária será de *antes* de Auschwitz – que é o contrário do que se espera que ele vá dizer. Daqui para a frente tudo não deveria ser *depois* de Auschwitz? Mas Blanchot diz o contrário. Por quê?

O que está em jogo parece ser a ideia de que certa ingenuidade, certa felicidade da fala desapareceu. Certa glória da voz literária, uma felicidade da narração não existe mais, foi perdida; de tal forma que o que conhecemos por literatura, e que envolve esse prazer de narrar, desapareceu. E a questão agora passa a ser, precisamente: como fazer poesia dessa infelicidade, como é possível escrever literatura partindo da própria infelicidade de falar?

Problema tão mais agudo porque só o que parece ter restado após o evento, "a única coisa que resta ao nosso alcance é a linguagem", como dizia o poeta Paul Celan, a quem vamos chegar em breve. "Mas uma linguagem que passou através das mil escuridões de uma fala assassina." (O adjetivo "assassina", aqui, refere-se especificamente à língua alemã, língua que o poeta Celan jamais abandonou.)

De um ponto de vista mais específico ainda, Elie Wiesel comenta que "assim como os romanos inventaram a elegia, os gregos fizeram a épica, e a renascença nos deu o soneto, o que nós inventamos foi a literatura de testemunho. Nosso tempo inventou a literatura de testemunho"[5]. Uma literatura que, como já foi dito, alcança muitas outras áreas, muitos outros assuntos, não só especificamente o holocausto.

Existe um repertório específico da alta cultura que passa diretamente pela questão do testemunho. É o caso de Binjamin Wilkomirski, ou de Ida Fink, ou de um poeta como Dan Pagis, para ficar só nesses três[6]. Já que estamos fazendo indicações, há

5. *Dimensions of the Holocaust*, Evanston, Northwestern University Press, 1977. Citado por Shoshan Felman, no ensaio "Educação e Crise", em A. Nestrovski e M. Seligmann-Silva (orgs.), *Catástrofe e Representação*, São Paulo, Escuta, 2000.

6. Binjamin Wilkomirski, *Fragmentos – Memórias de uma Infância*, São Paulo, Companhia das Letras, 1998; Ida Fink, *A Viagem*, Rio de Janeiro, Imago, 1998. Não há tradução brasileira da poesia de Dan Pagis (1930-86), um dos maiores

o livro de Victor Klemperer, também recentemente publicado. São diários de um professor de literatura francesa, que era casado com uma alemã e, de um jeito ou de outro – especialmente de outro –, conseguiu ficar na Alemanha até o final da guerra[7].

Klemperer começa a escrever na década de 1930 e vai até 1946. São notas minuciosas, observações concisas do que está ocorrendo no dia a dia. A leitura em ordem cronológica dessas anotações é muito impressionante. No contexto que estamos estudando, vale ressaltar o que ele diz, em certo ponto, ao citar uma conversa com um amigo: "Eu hei de dar testemunho, a minha função é registrar de alguma forma aquilo que é impossível de ser registrado". Pode-se frisar o "impossível" nessa frase: registrar o que é impossível de se registrado.

Quando se fala em testemunho, e testemunho de um evento dessa natureza, é desnecessário acrescentar que não se trata de uma tarefa fácil. Não só não é fácil do ponto de vista pessoal, afetivo, da dignidade do indivíduo; mas também do ponto de vista literário. Ser capaz de testemunhar não é a primeira dificuldade. Um evento desses não só elimina suas testemunhas fisicamente – e foi Lyotard quem escreveu que ele é como um terremoto, que destrói os próprios instrumentos de medição[8]. As testemunhas do evento são eliminadas pelo próprio evento. Mas até aqueles que se salvam, os que retornam têm de se haver depois com outro problema, que é a incapacidade de testemunhar aquilo que de fato está dentro de si. São testemunhas que estão, quase por definição, ausentes de si mesmas, ausentes do evento.

Entramos aqui no problemático território do trauma[9]. O trau-

autores modernos em língua hebraica. Sobre o "caso" Wilkomirski, ver meu ensaio "Vozes de Crianças", em *Catástrofe e Representação*.

7. Há uma edição em português: *Os Diários de Victor Klemperer. Testemunho Clandestino de um Judeu na Alemanha Nazista*, São Paulo, Companhia das Letras, 1999.
8. Citado por Geoffrey H. Hartman, *The Longest Shadow – In The Aftermath of the Holocaust*, Bloomington, Indiana University Press, 1996, p. 1.
9. Ver "Catástrofe e Representação", transcrição de uma palestra apresentada na jornada "Psicanálise e Literatura" promovida pela Associação Psicanalítica de Porto Alegre, em outubro de 1997. O texto está em *Psicanálise e Literatura – Revista da Associação Psicanalítica de Porto Alegre* (VIII/ 15), 1998, pp. 51-65.

ma tem uma natureza muito particular. O próprio título dessa palestra, "*Shoah*: Catástrofe e Representação", pode ser tomado como pleonasmo. Porque "catástrofe" é uma das possíveis traduções em português para a palavra hebraica *Shoah*. E que seja normal referir-se a esse evento com este termo já não é significativo?

A questão implica o que se pode recuperar desse testemunho que não acontece. O testemunho traumático é aquele que, por definição, está postergado. O trauma constitui-se num evento de tal natureza que faz uma marca inapagável, mas também invisível, na própria consciência.

Essa noção de testemunho será especialmente importante para nós, no contexto do filme *Shoah*. Ao que parece, o grande esforço seria fazer ver aquilo que *não* foi visto. Para que de fato se veja aquilo que constantemente não foi visto. Em outros termos: para fazer coincidir, afinal, voz e palavra, naquele que fala.

Existe um impacto de tal ordem, uma força de tal natureza que não se deixa integrar como conhecimento. Isso também se tornou consenso hoje, mesmo entre os conservadores mais arraigados, que contestam certo tipo de historiografia contemporânea. Tornou-se difícil, agora, não aceitar que a constituição da narrativa historiográfica, ela mesma, torna-se uma das formas de esquecimento em jogo, daquilo que não deveria jamais ser esquecido. É um paradoxo, com o qual os historiadores têm de lidar; e nós, também, como críticos literários.

Outro grande autor, Jean Améry – um contemporâneo de Primo Levi –, no seu livro *Jenseits von Schuld und Sühne* (*Para Além da Culpa e da Reparação*), diz o seguinte: "O esclarecimento – qualquer forma de tentativa de explicação racional do que foi esse evento, por que aconteceu e como aconteceu – o esclarecimento equivaleria a dispensar o assunto, encerrar o caso, que pode então ser guardado nos arquivos da história"[10]. Isso

10. *Jenseits von Schuld und Sühne – Bewältigungsversuche eines Überwältigen*, Stuttgart, Ernst Klett, 1976.

define um sintoma do historiador, contra o qual se rebela precisamente essa literatura, enquanto arte do testemunho; e vira o ponto de partida também para um cineasta como Lanzmann.

Lanzmann fala da "paixão do esquecimento". Seu filme foi feito para resistir à paixão do esquecimento. Pode-se ver isso de outro modo hoje. No limite, parece possível afirmar – especialmente no caso da *Shoah* – que a memória *é* uma forma de esquecimento. A própria memória, no momento em que se condensa como memória, serve para anestesiar uma lembrança. A memória é como uma modalidade ativa de esquecimento. E um esquecimento muito mais poderoso, em seus efeitos, do que poderia ser qualquer representação. A memória *já é* a representação. E neste caso, em particular, estamos falando da memória de um evento tão irrepresentável que necessariamente, quando ela reaparece, já ressurge prisioneira de formas narrativas, que funcionam até certo ponto para anestesiar seu próprio efeito. Em outras palavras: cabe sempre lembrar que "lembrar" é, ao mesmo tempo, uma forma de esquecer.

Parte do que está em jogo no filme de Lanzmann é precisamente a tentativa de gerar uma forma de representação da *Shoah*. Trata-se, na verdade, do relato de um testemunho. E quem assiste a este relato também testemunha. Torna-se testemunha dos testemunhos. Fica condenado ao trauma secundário.

Aqui se assiste, às vezes de forma bastante dolorosa, ao ressurgimento do trauma nas testemunhas. Sendo este o evento que é, os testemunhos estão fadados a não ter ouvintes. Não será possível contar, porque não existe uma plateia que dê conta daquele relato. O que se torna novamente traumático para quem fala.

Podemos ou não, afinal, testemunhar a testemunha? Celan dizia que não era possível. ("Ninguém testemunha a testemunha")[11]. Mas o filme de Lanzmann não lida justamente com isso? É preciso ressaltar que a carga de transferência daqueles que se aproxi-

11. "*Niemand zeugt für den Zeugen.*" Verso extraído do poema "Aschenglorie", em *Gesammelte Werke*, vol. 2, Frankfurt am Main, Suhrkamp, 1983.

mam hoje da *Shoah* será sempre relevante. Mas isso, como ensina LaCapra, virou problema dos historiadores. Não convém entrar demais, por enquanto, na área da história; mas não há como negar que questões de identidade e transferência estão sempre em jogo para quem se aproxima desse tema.

Lidar com o trauma é, por definição, estranho. Questões de sacrificialismo, da dimensão sagrada de um evento secular e da elaboração deste evento, somadas às dimensões sublimes da narrativa do holocausto, tudo isso torna esse evento especialmente difícil de ser manejado.

A questão do sublime, aliás, também mereceria estudo. Basta pensar que uma resposta comum, muito frequente nos autores e comentadores, tanto como nos sobreviventes da *Shoah*, é o silêncio, o bloqueio, a impossibilidade de falar. A impossibilidade de trair esse evento pelas palavras. O que aconteceu é maior do que a linguagem pode expressar. A linguagem só pode expressar a inexpressibilidade do que precisa ser expresso – o que coincide com a definição do sublime, enquanto conceito filosófico e literário, surgido em fins do século XVIII.

Não apenas um ponto de vista literário precisa ser reconhecido, mas religioso também. O silêncio representa uma resposta religiosa tradicional para a dimensão sublime. Mas atenção: parte do que este filme propõe é justamente a desmistificação da dimensão religiosa da *Shoah*. O próprio nome "holocausto" pode ser contestado. A palavra "holocausto" não tem cunho religioso? Originalmente, significa um sacrifício de animais aos deuses. (Como nos holocaustos que Odisseu vive fazendo, a cada etapa de sua longa viagem de volta, na *Odisseia*.) Mas, no que concerne à *Shoah*, ninguém foi "sacrificado", não houve "sacrifício" algum, em honra de deus algum. Por isso mesmo parece mais apropriado o uso do termo "catástrofe"; ou, em hebraico, *Shoah*, sem tradução.

O filme de Lanzmann pode ser visto, portanto, no contexto de uma tradição de comentários historiográficos, literários, filosóficos e psicanalíticos sobre a questão do trauma e da representação. Falta mencionar, mais especificamente, a filmografia da *Shoah*. Há uma boa fonte de referência sobre o assunto: *The Holocaust in French Film*, de André Pierre Colombat[12]. São muito mais filmes sobre o assunto do que se imagina. Escrito em 1993, o livro de Colombat chega a quase quatrocentas páginas de discussão cerrada sobre o tema, com capítulos separados para cada um dos principais filmes; de lá para cá, já se poderiam acrescentar vários outros capítulos. (Citando só os mais óbvios: *A Lista de Schindler* e *A Vida é um Sonho*.)

Colombat apresenta três questões gerais, presentes de um modo ou outro em todos esses filmes: *1.* o que aconteceu?; *2.* como foi possível que acontecesse?; *3.* que memória desse evento deve ser preservada e transmitida?

Poderíamos ligar essas três a mais uma indagação: *4.* existem limites para a representação do holocausto? – indagação de ordem não só técnica. Ela envolve não apenas a capacidade linguística de representação, mas também *escrúpulos*. Não é o tipo de sentimento que se encontra com frequência nas discussões de teoria literária; mas eis um caso onde a técnica implica questões de ordem diversa – por um lado, moral; por outro, afetiva.

Além de técnica e escrúpulos, pode-se falar em *empatia*. Talvez não existam limites para a representação, ou talvez sejam constantemente vencidos (basta ver qualquer reportagem atual sobre violência urbana ou noticiário de guerra). Mas há um limite, sim, para a empatia, a capacidade humana de se identificar afetivamente com a representação. Certas coisas ficam além da nossa capacidade de compreensão do que foi dito e foi visto.

Os que não viram o filme devem estar intrigados a essa altura; vale descrever sucintamente do que se trata. Antes de mais nada, cabe ressaltar que *Shoah* tem nove horas e meia de duração. E isso representa uma porção muito pequena de um conjunto de mais de 350 horas de gravação, realizadas ao longo de onze anos,

12. New Jersey, Scarecrow Press, 1993.

de 1974 até 1985, em catorze países. O projeto era armazenar o maior número possível de depoimentos gravados de participantes da *Shoah*. De três perspectivas possíveis: agressores, vítimas e observadores. O resultado são essas nove horas e meia de filme.

É um filme muito particular, não só pela duração. Todo ele versa sobre o holocausto, mas não exibe uma única imagem de arquivo, uma única cena documental. Todas aquelas imagens às quais já se está acostumado – imagens de campos de concentração, as tropas americanas chegando etc. – não aparece absolutamente nada daquilo. Só o que se tem são as entrevistas, realizadas na atualidade, em diversos países e em condições muito diferentes umas das outras, mas sempre com o máximo esforço para que não ganhem aparência ficcional. Além das entrevistas, só o que se vê são paisagens. Campos, árvores, pedras. Muitas vezes, enquanto se escuta a voz de uma pessoa, dando algum depoimento, o que se vê na tela são paisagens. A maior parte delas dos próprios campos de concentração, não como eram na época, mas como são hoje. Um parque, muita relva, árvores ao fundo, pedras, rochedos. Vê-se, por exemplo, o rio que passa perto de Chelmno, uma cidadezinha na Polônia, e vão-se ouvindo os depoimentos dos camponeses locais, ou algumas palavras de um rapaz que passa de barco pelo rio. Tudo aquilo está cheio de cinzas, virtualmente cada metro quadrado é parte de um gigantesco cinerário; e o que a gente vê agora são locais comuns, neutros, sem marca aparente de nada, indiferentemente reduzidos à natureza.

Vale o mesmo para as cenas de cidade. Certo depoimento foi dado em Zurique, outro em Washington. Há uma cena de rua, outra numa estrada, na Alemanha. Ouvem-se as vozes, contando o que aconteceu; e o que se vê é o mundo hoje, os locais atuais onde foram tomados os depoimentos. Ou então os lugares onde os eventos se deram, como aparecem agora.

O resultado provoca estranhamento. Este deve ser o único filme que faz do interdito à imagem um princípio de construção. Cinema é a arte das imagens em movimento. Mas este filme está construído a partir da proibição das imagens. Todo ele foi feito para *não* usar imagens – imagens daquilo a que se refere ao longo de suas quase dez horas de duração. Na literatura se conhece isso bem: obras que constantemente violam, ou cancelam a própria natureza da literatura. Mas semelhante grau de autocerceamento no cinema parece inédito, e provavelmente inimitável (porque só as circunstâncias muito particulares desse filme o justificam).

Existe, além disso, um interdito rigoroso a qualquer forma de construção de narrativa. Não há, por assim dizer, uma trama. Há, isto sim, uma obsessão pelos relatos, uma multiplicação melancólica de histórias, um exagero de rostos e mais rostos, vozes e mais vozes. A soma de todas será crucial para as intenções de Lanzmann. Por isso mesmo o filme tem de ser tão longo, tem de reunir um excesso de depoimentos, tem de repetir e repetir a cena das entrevistas, tem de se espichar por nove horas e meia, que poderiam muito bem ser quinze, ou vinte.

Se existe uma história nesse filme, se de fato existe uma narrativa, seria a história das entrevistas em si. O filme é sobre as entrevistas que estão sendo conduzidas; uma narrativa da escuta daqueles depoimentos. O que o filme narra de fato é a história dele, Lanzmann, escutando os depoimentos; e nós, na plateia, escutamos Lanzmann escutando tudo aquilo. Ele aparece sempre: o próprio autor é o entrevistador. Às vezes até em situações perigosas, depoimentos filmados com câmeras escondidas. Ele filma, por exemplo, um ex-diretor de um campo de extermínio. Só se vê isso pelo vídeo que está passando, em "tempo real", num caminhão estacionado na rua, na saída do apartamento. A imagem está sendo transmitida secretamente. Lanzmann conversa com esse homem como se estivesse apenas com o equipamento de gravação sonora na mão, quando na verdade tem uma microcâmera. (Duas semanas depois, conta o medo que passou. E relata outro episódio, fora do filme, quando entrevistou um ex-oficial da SS, do mesmo modo. A microcâmera foi descoberta, Lanzmann foi perseguido, levou uma surra, ficou um mês no hospital.)

Voltando à questão da autonegação. Ela assume um papel especialmente importante no filme, e nos obriga, pouco a pouco, a tomar consciência do fato. Pode-se falar em "proibição das imagens", mas, fazendo um elo com o que vimos antes sobre a noção do sublime e da inexpressibilidade, talvez seja melhor descrever a ausência de representação, aqui, como outro tipo paradoxal de representação – a representação do que não se pode representar, a representação da irrepresentabilidade.

Outra característica insólita: as entrevistas são conduzidas em várias línguas. Algumas delas, o próprio Lanzmann domina. Francês, naturalmente; inglês também. (Um único historiador dá depoimento no filme: Raul Hilberg, o autor de *The Destruction of the European Jews*[13], entrevistado nos Estados Unidos, em inglês.) Lanzmann também fala alemão. Mas há vários depoimentos em polonês, por exemplo, ou em hebraico, línguas que ele não domina. Nesses casos, há uma tradutora que o acompanha; ou melhor, várias tradutoras diferentes.

Quem não fala polonês, fica exatamente na mesma situação do diretor. A sequência, jamais abreviada na filmagem, é a seguinte: ele faz a pergunta em francês; a tradutora traduz para o polonês; a resposta, então, vem em polonês – geralmente longa, muitas vezes, uma resposta bastante demorada. E a gente fica na mesma condição de Lanzmann, escutando o polonês, sem legenda. A legenda, no filme, só acompanha a fala seguinte, da tradutora. Isso se houver legenda, claro; se se estiver vendo uma cópia francesa, não há legenda. A tradutora fala em francês, então, e se escuta a resposta em francês. Mas se for uma cópia americana, a legenda em inglês só acompanha a fala da tradutora.

Que sentido tem isso? Pode-se dizer que a tradutora, ou a tradução em si, torna-se uma figura da consciência de quem vê. Nós estamos na mesma situação de Lanzmann, sem experiência direta do que se passa (muito menos do que se passou). Há uma impossibilidade de se aproximar diretamente desse evento. Há vários interditos. E a impossibilidade passa também pela multiplicação de línguas no filme e pela dificuldade de se aproximar do que está sendo dito. As palavras, por definição, traem o evento. Nalguma medida, traem aquilo que contam. A tradução, nal-

13. New York, Harper Collins, 1979; New York, Holmes & Meier, 1988 e reeds.

guma medida, trai o que foi dito, ao passar de uma língua para outra. E em nosso caso a distorção se multiplica: não só na passagem do francês para o inglês das legendas, mas também na passagem (explícita ou tácita) do inglês para o português. Cada um terá mais ou menos estágios intermediários a serem vencidos nesse labirinto, de acordo com suas habilidades linguísticas. Mas não há esperança de escapar dele. Alguma coisa, num passado distante, aconteceu. Mas não será com imagens, nem com palavras – ou não só com elas – que se vai chegar lá.

Shoah começa de um modo incomum. Lembrado depois, em retrospecto, o início do filme nos faz refletir sobre o que ele poderia ter sido, e não é. São quase quatro minutos de texto escrito, rolando lentamente de cima abaixo da tela. "A ação começa em nossos dias, em Chelmno, na Polônia", diz o texto. E vai narrando o que se passou nessa cidade polonesa, onde moravam quatrocentos mil judeus. Foi lá que começaram as mortes por gás (as caminhonetes de gás do exército nazista, anteriores às câmaras de gás dos campos de extermínio). Dos quatrocentos mil, sobraram dois.

A descrição que se vai lendo na tela é relativamente longa, mas vamos nos restringir ao essencial. O narrador – Lanzmann, como fica logo claro – nos diz que encontrou, há alguns anos, um desses dois únicos sobreviventes, um polonês chamado Simon Srebnik. Em 1945, Srebnik era um menino de treze anos. Sobreviveu porque cantava bem. Cantava bem e era muito atlético. Foi obrigado a trabalhar retirando os corpos das caminhonetes de gás e os jogando nas valas. Os alemães gostavam de promover competições atléticas entre os trabalhadores, que portavam correntes nos pés. Corridas e saltos. E como Srebnik era forte e atlético, ganhava as competições, e ia sendo preservado. Os mesmos soldados mantinham uma criação de coelhos. E precisavam buscar alface e feno para eles, viajando de canoa até uma vila próxima. Levavam com eles, então, esse menino, que cantava canções folclóricas.

Essa é a história que aparece no início do filme. E não há imagem alguma, só a descrição verbal disso tudo, e o narrador dizendo (por escrito): "Encontrei Srebnik em Israel, e o convenci a voltar a Chelmno comigo. Estava com 47 anos". A próxima cena constitui a primeira imagem, propriamente, do filme: um barquinho no rio, com um homem dentro. E se escuta, então, a voz desse homem cantando.

Já é um índice do que vai acontecer ao longo do filme. Vamos imaginar um diretor de índole mais convencional; por exemplo, Spielberg. Seu filme já estaria feito com essa primeira narrativa. A história real desse menino, tudo o que ele passou: esse seria o filme de um Spielberg – o filme que Lanzmann não faz.

A narrativa do início soa como o roteiro básico de um filme de aventuras, independentemente de seu conteúdo específico. Mas *Shoah* vai resistir, do início ao fim, precisamente às limitações de uma narrativa aventuresca. Pouco a pouco, vamos nos dar conta do processo extraordinário de montagem desses depoimentos; um processo destinado a nos fazer pensar.

Existe, sim, um bem definido sentido formal nas nove horas e meia de filme, um sentido de outra ordem, com outras ambições. Embora faça desse filme também, à sua maneira, um "filme de retorno". Saindo de Israel, vai-se à Polônia; e depois se arma uma grande viagem de retorno. Como tantos outros filmes convencionais sobre o tema, esse também acaba se resolvendo com um retorno a Israel (o que talvez seja um de seus pontos mais atacáveis). Para quem não viu, vale a pena descrever o final. Depois de um depoimento impressionante sobre o gueto de Varsóvia, há uma série de filmagens da cidade. Até que a câmera se aproxima de um grupo de pessoas, que estão observando um monumento aos sobreviventes do gueto. A câmera filma as pessoas pelas costas; quando elas se viram, são outras, outro grupo, junto a uma cópia do monumento em Jerusalém. Saiu-se de uma cidade muito feia – Varsóvia, cidade industrial, cheia de carros, com edifícios cinzentos – e a câmera agora abre uma vista panorâmica de Jerusalém, num tipo de resolução comum em filmes sobre a *Shoah*. Para ficar só em dois exemplos, de vertentes diversas: *Europa*, de Lars von Trier (1991), e *A Lista de Schindler*, de Spielberg (1993). Os dois têm esse mesmo fecho, que soa inevitável, como uma última cadência na música tonal. A última cadência é a viagem redentora à terra de Israel.

Mas vamos voltar ao início, onde Lanzmann nos dá uma indicação do estilo de filme que não vai fazer. Ele narra, também, outra coisa muito marcante. Na primeira cena do filme, qual é a situação? Um barquinho passando, num lugar muito bonito – riacho, árvores, um arvoredo lindo. Outro início clássico de filme. E isso tudo tem nome. Pelo menos na literatura, tem nome: chama-se "pastoral", uma tradição literária milenar. (Vamos falar mais sobre isso, em seguida.) Mas a pastoral de Lanzmann imediatamente se transforma em outra coisa.

Na primeira cena, temos o barco, com Srebnik cantando. Na cena seguinte, ele está no lugar onde aconteciam aquelas mortes todas. "Difícil reconhecer", diz ele. "Não acredito que eu esteja aqui. [...] Era sempre calmo assim. Sempre. Queimavam-se duas mil pessoas judias por dia nesse lugar – todo dia, e era sempre calmo assim. Ninguém gritava. Cada um fazia seu trabalho. Silencioso. Calmo".

Nesse ponto, dá-se uma transformação. Saímos da pastoral, daquele início clássico, com o sujeito cantando uma melodia folclórica, no barco que desce o rio, e a pastoral se transforma agora em inferno, que é o modelo constante do filme. Pode-se até ver ali uma referência à figura de Caronte, o barqueiro que leva as almas de um lado para o outro no rio do Hades (o Styx), na mitologia grega. A cena ganha dimensão de alegoria, com direito a tais referências.

Quer dizer: neste início tão rico do filme, Lanzmann nos mostra, entre tantas outras coisas que precisam ser negadas para que o filme possa ser feito, que ele está deixando para trás o domínio do que, ainda hoje, se poderia chamar pastoral. Falamos de certa glória perdida da voz literária, certa felicidade perdida da narração. A pastoral é um dos modos dessa felicidade: a integração harmoniosa entre a literatura e o mundo ao qual se refere. Isso é a pastoral, seja em poemas latinos, seja em românticos, ou modernistas. E isso não será mais possível. Não existe mais a literatura pastoral. Passou a ser uma literatura infernal.

Lanzmann anuncia outra coisa importante, também, com essas cenas iniciais em Chelmno. Falamos de um esforço para evitar qualquer forma de totalização narrativa. Isso implica pôr em xeque a noção de história, também. O filme resiste como pode a qualquer interpretação histórica da *Shoah*. No espírito de Jean Améry, ele não nos dá explicações para o que aconteceu. Falar "historicamente" da catástrofe já seria uma forma de compreensão; quer dizer, de perdão.

No lugar da história, Lanzmann oferece a geografia. O que se vê constantemente nos filmes são lugares. Uma multiplicação de lugares; e uma disjunção entre os locais de testemunho e os da lembrança. Entre aquela voz que está falando, hoje, em Washington ou em Zurique, e a percepção da relva crescida no lugar onde o que foi lembrado se passou. A estudiosa americana Margaret Olin escreveu um ótimo ensaio sobre topografia e geografia no filme, publicado na revista *Representations*[14]. Uma frase dela resume o impacto dessas imagens: "O próprio solo parece implicado no assassinato de massa". Sensação que só cresce, pela continuidade implícita desses eventos no presente. Muitas cenas nos mostram as pessoas hoje, nas cidades hoje; no contexto, isso parece afirmar a continuidade de uma história que ainda não acabou.

É como se a pergunta do poeta romântico Novalis – "Quem disse que a Bíblia acabou?" – fosse reapropriada por Lanzmann: "Quem disse que a *Shoah* acabou?" O que aconteceu não tem fim. Acabou a matança; mas seus efeitos estão longe de ter acabado.

O que o filme sublinha, de fato, é o gradual esquecimento do acontecido, uma espécie de esquecimento degenerativo. Contra isso se insurge um historiador como Hilberg – cujo depoimento, aliás, expressa uma carga enorme, mas controlada, de violência. Ele mesmo fala sobre isso. Tentar reduzir a violência desse evento, para ele, seria algo obsceno, assim como tentar chegar a uma explicação histórica. Não há explicação. Do ponto de vista de Hilberg, como de Lanzmann, a questão que importa é preservar o evento na sua incompreensibilidade. E isso exige, quase paradoxalmente, a recuperação das minúcias, as miudezas dessa

14. "Lanzmann's *Shoah* and the Topography of the Holocaust Film", *Representations*, 57 (Winter 1997), pp. 1-23.

operação de morte em escala industrial. "Eu me propus a não fazer grandes perguntas", diz Hilberg. "Tinha a sensação de que sempre que eu fazia grandes perguntas, acabava com respostas bem pequenas." *Big questions, small answers*. E vice-versa: para as perguntas pequenas, as respostas são quase infinitas.

O livro de Hilberg (*The Destruction of the European Jews*) não é outra coisa senão uma compilação detalhadíssima de pequenos fatos cotidianos, relativos à destruição dos judeus na Europa naquele período. O mesmo sentido está por trás do trabalho de Lanzmann como entrevistador, sempre em busca de detalhes, não de teses, obsessivamente interessado nos detalhes aparentemente mais triviais, mais prosaicos. A cor das caminhonetes de gás, exatamente quanto tempo era gasto para se levar um "transporte" do lugar X para o lugar Y, como os maquinistas faziam sua escala etc.

Era o poeta Paul Celan que dizia que "a verdade está nos detalhes" (isso está numa carta a seu editor, escrita em 1964; e é uma transformação da frase de Flaubert: "Deus está nos detalhes"). Em outra carta, anterior, ele já ensinava: "O que conta é a verdade, não a eufonia"[15]. Vamos ver, na sequência, as formas como um poeta resiste à própria beleza da poesia, para que ela não venha mascarar as coisas.

Outro autor que adota essa postura, mas de outro viés, vinculado à prosa, é o já citado Victor Klemperer. Nos *Diários*, ele diz para si mesmo uma frase que, com certeza, Lanzmann e Hilberg aprovariam: "Não são as coisas grandes que importam, mas a vida cotidiana da tirania, que vai sendo esquecida".

O filme *Shoah*, de sua parte, esforça-se para recuperar os detalhes, até ser capaz de enxergar o acontecido por dentro. Eis um evento com relação ao qual, por definição, a gente está sempre do lado de fora. Não existe acesso ao que é incompreensível. Mas o filme procura nos colocar perto, para não dizer dentro do evento. "A verdade está nos detalhes." Isso define também uma

15. Carta a Jean Firges, 2.12.58; em Firges, "Sprache und Sein in der Dichtung Paul Celans", *Muttersprache* 72/9 (1962), p. 266. Ver também o texto para o *Almanaque Flinker* (1958), *Gesammelte Werke*, Frankfurt am Main, Suhrkamp, 1983, vol. 3.

relação entre verdade e limite: o limite da sua própria verdade e a impossibilidade de dizer aquilo que precisa ser dito.

A multiplicação de detalhes torna-se, ainda, uma estratégia de resistência à canonização do holocausto. Um problema com o filme é que em muitos momentos ele se aproxima do contrário. Também corre o risco, talvez inevitável, de fixar esse evento, conferindo a ele uma tonalidade estética particular – ao redigir o roteiro, por exemplo. Vale a pena, nesse sentido, comparar duas edições diferentes do texto do filme: a original francesa, que o próprio Lanzmann preparou, e a americana.

O texto escrito, nos dois casos, é de natureza muito incomum. Pratica, a seu modo, uma negação das imagens, análoga à que caracteriza o filme na tela. Não há nenhuma referência, no texto, ao que se vê na tela, nem uma única indicação do que se dá com as imagens. Só o que se lê é o nome de cada pessoa, no início das falas. (Ou a indicação: "outro homem", "um balconista" etc.). As perguntas do narrador, anônimo ao longo do texto, vêm em itálico. É isso. Só as palavras que se escuta no filme, sem indicações de câmera, sem descrição de cenário etc. Tudo muito seco, muito estranho.

Na edição americana, a diagramação é convencional. Blocos de texto, em parágrafos. Já o texto em francês dispõe as frases na página de modo especial. As falas estão divididas de um modo que sugere a diagramação dos *Salmos*. O que foi uma decisão de Lanzmann, porque as pessoas não estão entoando salmos, só estão dando respostas. Ler o texto em francês ou inglês, portanto, causa impressões bem diversas. E aqui se vê um dos pontos em que o esforço de anticanonização do holocausto parece traído pelo próprio Lanzmann. Na edição do texto do filme, cada fala de cada testemunha foi transformada em poesia bíblica. Resta saber se a edição das imagens não estaria fazendo involuntariamente o mesmo. (A pergunta, no mínimo, merece ser levantada.)

Falamos no início sobre os efeitos continuados da *Shoah*, até hoje, sobre as mais variadas áreas da cultura. Vale a pena, nesse sentido, ler alguns poemas de Celan – por consenso, o maior poeta judeu da segunda metade do século XX; para alguns, o maior poeta, judeu ou não judeu, e não só da segunda metade, mas do século inteiro. De toda a sua obra, o poema mais conhecido, sem dúvida, é "Todesfuge" ("Fuga da Morte", numa tradução insatisfatória, porque sugere que se está fugindo da morte, quando a ideia original não carrega essa ambiguidade: a "fuga" só tem sentido musical). O poema foi escrito em 1944. Foi, de fato, o primeiro poema publicado de Celan. Tornou-se ao longo dos anos o poema canônico da literatura do holocausto, inclusive na Alemanha. Até minisséries de televisão se valem de expressões que vêm de "Todesfuge". ("O leite negro da aurora" e "a morte é um mestre da Alemanha" são versos tão conhecidos para os alemães quanto, para nós, "Tinha uma pedra no meio do caminho", ou "Vou-me embora pra Pasárgada".) O poema está em toda antologia de literatura alemã moderna. E foi justamente ele que provocou o famoso comentário de Adorno, para quem "escrever poesia depois de Auschwitz é um ato de barbárie"[16]. Isso teria sido uma resposta não ao poema, mas ao que ele provocou, o modo como foi imediatamente acolhido, da forma mais inadequada, como um canto de perdão. (É bom que se frise esse ponto, porque Adorno jamais criticou Celan. Pelo contrário, tinha um projeto de escrever um livro inteiro sobre ele. Celan, para Adorno, era o maior autor europeu contemporâneo, juntamente com Samuel Beckett.)

A tradução abaixo não tem maiores ambições. O ideal, claro, seria ler em alemão. Celan é muito difícil de traduzir – inclusive, nesse caso particular, pela dimensão musical dos versos[17].

16. A frase está no fim do ensaio "Crítica Cultural e Sociedade" (1949), em Theodor W. Adorno, *Prismas*, São Paulo, Ática, 1998; tradução modificada.

17. Entre as inúmeras traduções da obra de Celan, vale a pena consultar, em português, *Sete Rosas Mais Tarde – Antologia Poética*, trad. João Barrento e Y. K. Centeno, Lisboa, Cotovia, 1993; *Cristal*, trad. Cláudia Cavalcanti, São Paulo, Iluminuras, 1999 e a tradução de Nelson Ascher, "Fuga Fúnebre" (*Folha de S.Paulo*, "Mais!", 20.7.2003); em inglês, *Selected Poems and Prose of Paul Celan*, trad. John Felstiner, New York, Norton, 2001; em francês, *Choix de Poèmes*, trad. Jean-Pierre Lefebvre, Paris, Gallimard, 1998.

Leite negro da aurora o bebemos à tarde
manhã meio-dia e à noite
bebemos e bebemos
cavamos uma cova no ar lá não se deita apertado
Na casa mora um homem que brinca com cobras escreve
quando escurece ele escreve para a Alemanha teus cabelos de ouro
[Margarete
escreve e vai até a porta e as estrelas estão brilhando ele assobia para
[chamar seus cães
assobia para os seus judeus virem para fora e manda cavar uma
[cova na terra
nos manda tocar para que comece a dança

Leite negro da aurora o bebemos à noite
manhã meio-dia e à tarde
bebemos e bebemos
na casa mora um homem que brinca com cobras escreve
quando escurece ele escreve para a Alemanha teus cabelos de ouro
[Margarete
teus cabelos de cinza Sulamith cavamos uma cova no ar lá não se
[deita apertado
Ele grita mais fundo vocês aí e os outros cantando e tocando
pega o porrete que traz à cintura seus olhos são azuis
mais fundo vocês com essas pás e os outros tocando para a dança

Leite negro da aurora o bebemos à noite
manhã meio-dia e à tarde
bebemos e bebemos
na casa mora um homem teus cabelos de ouro Margarete
teus cabelos de cinza Sulamith ele brinca com as cobras

Ele grita toquem mais doce a morte a morte é um mestre da
[Alemanha
grita um tom mais escuro nas cordas depois vocês vão subir como
[fumaça ao céu
depois vão ter uma cova nas nuvens lá não se deita apertado

Leite negro da aurora o bebemos à noite
ao meio-dia a morte é um mestre da Alemanha
manhã e tarde bebemos e bebemos
a morte é o mestre da Alemanha seus olhos são azuis
te acerta com balas de chumbo direto no alvo
na casa mora um homem teus cabelos de ouro Margarete
atiça seus cães contra nós nos concede uma cova no ar
brinca com suas cobras e sonha a morte é o mestre da Alemanha

teus cabelos de ouro Margarete
teus cabelos de cinza Sulamith

Shoshana Felman lê esse poema, entre outras coisas, como a passagem da linguagem pela violência e a passagem da violência pela linguagem[18] – uma entre centenas de interpretações; e não vamos nem começar a comentá-las. Mas podemos tentar responder, ao menos, essa questão básica: qual o gênero do poema? Que tipo de poema estamos lendo? Resposta: uma canção. Chama-se "Fuga da Morte"; mas, na verdade, o nome original, na primeira versão do poema, era "Tango da Morte". A "fuga" muda o registro, fazendo referência a uma forma musical erudita, associada, por excelência, à tradição alemã. Mas não é uma fuga: é uma canção de taverna. Aquele tipo de canção de choperia, que remonta a uma tradição medieval e que se escuta, até hoje, em qualquer *Bierhaus*. Uma canção como as que se canta empunhando um caneco de cerveja; só que o tema não condiz com a "música" – ou será que sim?

Por que esse poema era inaceitável para Adorno? Porque para ele só se podia rejeitar qualquer forma de tratamento musical desse assunto; e quanto mais sofisticado, quanto mais bem elaborado, pior. Pode-se notar a forma como elementos do texto vão sendo repetidos, permutados, combinados. O poema constrói, aos poucos, a disjunção entre as figuras de Margarete e Sulamith. E Adorno achava que isso era uma obscenidade. Não se pode tra-

18. No ensaio "Educação e Crise", em *Catástrofe e Reprsentação*, pp. 41 e ss.

tar daquele evento "artisticamente". Não se pode fazer uma fuga. E o poema em questão é especialmente eloquente e musical.

A poesia de Celan mereceria um comentário muito maior, noutro momento. Mas não se pode deixar de mostrar pelo menos algum exemplo da poesia que ele veio a escrever anos depois. Num período "médio" de sua carreira, Celan escreveu alguns poemas que ficam, sem dúvida, entre os maiores do século em língua alemã. Esses poemas ainda guardam algum vínculo com a tradição modernista de autores como Rainer Maria Rilke (de quem Celan gostava especialmente). São poemas lindos, que se esforçam para atingir um ascetismo insólito, para além da própria beleza. Muito a contragosto, Celan acaba vencido pela beleza de sua poesia.

Até que alguns anos mais tarde, já em sua última década de vida (Celan se matou em 1970, aos cinquenta anos de idade), ele põe-se a escrever poemas como este:

DAS POSAUNENSTELLE	*A PARTE DA TROMBETA*
tief im glühenden	*funda na brasa do*
Leertext,	*texto vazio,*
in Fackelhöhe	*na altura das tochas,*
im Zeitloch:	*no furo do tempo:*
hör dich ein	*escuta-te*
mit dem Mund.	*com a boca.*

De imediato, fica visível o esforço de Celan para encontrar outra espécie de poesia. Um poema como esse se protege no hermético: exige grande dose de trabalho antes que se possa voltar a ele com algo além de mero fascínio, ou estupefação. Feito esse trabalho, torna-se um poema de voltagem impressionante. Como tantos outros dessa última fase, ele nos ensina a pensar uma outra espécie de poesia. (Por enquanto vamos deixar isso no ar – só uma promessa.) O que importa, agora, será perceber que aquele mesmo poeta capaz de fazer um poema ritmado, musical, de enorme sofisticação mas imediatamente acessível, vai se ver depois – por motivos que concernem também à nossa discussão do filme – compelido a escrever poesia desse tipo, uma poesia que absolutamente não se entrega, que resiste como pode a qualquer forma de sedução ou de beleza, que constrói outra ideia do que vem a ser poesia.

Se existe no filme um interdito às imagens, se *Shoah* é um filme baseado na proibição da imagem, aqui se tem outra espécie ainda de trauma. Um trauma dentro do trauma: um interdito às imagens, mas agora contra as imagens das palavras. Não é essa a diferença fundamental entre esse poema e o anterior? "Todesfuge" está absolutamente repleto de imagens, todo construído a partir de imagens. Já aqui Celan quer uma poesia sem imagens, ou onde o uso das imagens e das metáforas se vê constrangido por uma carapaça de ilegibilidade, exigindo outra espécie, não espontânea, não natural, de interpretação.

A linguagem do poema funciona segundo outros parâmetros. Mantém uma reticência muito marcada. O poema não está "aqui", na página; mas entre essas palavras e um outro texto que se precisa construir, a partir de referências externas. O poema vira um campo de convergência para todas essas referências (no caso, uma série de elementos bíblicos, ligados à liturgia e em particular ao *shofar*, a "trombeta" do título/primeiro verso); e a poesia vira um campo de forças, sem topologia definida. O esforço de interpretação, que cada um tem de fazer por si, torna a leitura uma atividade intensa, marcadamente individual, resultado de um engajamento vivo. Como escreveu Stéphane Moses, na leitura dessa poesia, não só o passado entra em relação "com os terrores de hoje", mas pode-se perceber o presente "à luz (ou melhor, à sombra) do trauma do passado"[19].

19. No verbete sobre Celan em Sander L. Gilman e Jack Zipes (orgs.), *Yale Companion to Jewish Writing and Thought in German Culture, 1096-1996*, New Haven, Yale University Press, 1997, p. 719. Stéphane Mosès também escreveu um excelente ensaio especificamente sobre esse breve poema: "*Paul Celan: Die Posaunenstelle*", em Mosès (org.), *Spuren der Schrift: Von Goethe bis Celan*, Frankfurt, Suhrkamp, 1987. Ver também Jean Bollack, "'Die Posaunenstelle' von Paul Celan", *Celan-Jahrbuch*, 4 (1991); pp. 39-53.

Vamos voltar ao filme. Que papel cabe à imagem num filme sobre a *Shoah*? O que é uma imagem, afinal? Ao que Lanzmann resiste, com tanta força? Partindo do óbvio: uma imagem não é a realidade à qual se refere. É sempre uma representação – uma representação metafórica, algo que pode ser difícil de enxergar no cinema. A construção da imagem no cinema equivale à construção de imagens numa obra literária. E toda imagem será uma metáfora daquilo a que se refere. Ao que Lanzmann está resistindo? Exatamente a isso: à possibilidade, ou legitimidade de uma construção metafórica daquele evento.

E como se resiste à metáfora? Quer dizer, ao figurativo? Com o *literal*. Ao longo do filme, chamam a atenção os pedaços concretos dessa história, que se preservaram, de alguma forma, até hoje. Fragmentos, que vieram dar na praia do presente. Exemplo: na entrevista com Raul Hilberg, uma planilha do horário de trens que levavam judeus para Auschwitz. Não uma cópia, mas o próprio pedaço de papel, carimbado, com anotações. Ou a discussão sobre certo diário: o próprio diário, que se vê nas mãos de Lanzmann. Ou, ainda, aquele que talvez seja o acidente mais chocante do filme inteiro, no final da primeira parte. A princípio, não se entende exatamente o que está acontecendo. Estamos todos, visualmente, por identificação, dentro de uma caminhonete, num vale industrial da Alemanha. Estamos no vale do Ruhr, com fábricas, chaminés, fumaça subindo; e escuta-se a voz de Lanzmann lendo detalhadamente um documento técnico, especificações para melhorias nos caminhões de transporte de prisioneiros para morte por gás. Coisas como a instalação de lâmpadas – as lâmpadas têm se quebrado e, no escuro, o "carregamento" causa problemas, porque no escuro eles tentam se jogar para fora e isso acaba às vezes desgovernando a caminhonete. E assim por diante. Tudo muito detalhado, lido com frieza por Lanzmann. Só a leitura desse documento – assinado, ainda por cima, numa ironia involuntária, por um sujeito chamado Just ("Justo"). O nome da fábrica que produz essas caminhonetes, e onde foi redigido o memorando que estamos ouvindo, é "Sauer". E o que se vê, então, à medida que a caminhonete vai andando, e ouve-se essa descrição, provoca um choque. Atrás da "nossa" caminhonete vem vindo outra. A câmera faz um foco fechado, e vai afinando até que se consegue ler a marca: Sauer. Assim termina a primeira parte do filme.

Esse tipo de imagem é o único que Lanzmann nos permite ver. Não é uma imagem para traduzir o acontecido. Aliás, Lanzmann já declarou que se alguém, por acaso, lhe oferecesse uma filmagem documental das câmeras de gás, se existisse algum filme mostrando o que se passou dentro de uma câmara, ele o queimaria[20]. Precisamente para não transformar aquilo que não pode nunca ser domesticado, não deve jamais ser acomodado ou "compreendido", em mais um repertório de imagens, mais um gênero de cinema – um entre milhares neste mundo onde tudo aspira à condição de filme. Mais uma das formas de esquecimento, contra a qual esse filme se rebela.

Os fragmentos recolhidos por Lanzmann não são propriamente imagens. Cada coisa dessas vem mesmo do passado, sem tradução anterior. Cada pedaço estava lá; e continua aqui, com a força enigmática da concretude. A interpretação do evento parte da presença tangível desses objetos ao nosso redor. Para quem tiver olhos para ver.

Da mesma forma, o que se vê desde o início do filme? Rostos. Rostos de pessoas que estavam lá, que são, elas mesmas, o evento. E paisagens: as mesmas paisagens.

Celan dizia que a poesia tinha de partir do evento, mas corria sempre o risco de se transformar na construção do erro. A única construção legítima seria a de uma identidade – uma identidade pessoal. A única possibilidade de resposta. E não é isso o que o filme faz? Falamos no início na canção de Srebnik, descendo o rio em Chelmno, numa canoa. A mesma canção aparece no fim.

20 Ver um registro de uma discussão com o diretor na universidade Yale, "Seminar with Claude Lanzmann, 11 April 1990", *Yale French Studies*, n. 79 (1991). Ver também, de Lanzmann, o ensaio "Les Non-lieux de la mémoire", em M. Déguy (org.), *Au sujet de* Shoah: *le Film de Claude Lanzmann*, Paris, Belin, 1990.

E não por acaso, nem apenas para dar um fecho circular convencional à narrativa desse filme sem narrativa.

O que acontece naquela canção? O que é tão tocante? Exatamente aquilo que é sempre mais tocante numa canção, a relação entre voz e palavra, ritmo e silêncio, em cada pessoa que canta. Isso permanece intraduzível. Interno, sem analogia, sempre um encontro único. E se isso acontece na canção do barqueiro, não será ilegítimo pensar no filme inteiro como um grande coral de vozes, de vozes dissonantes entre si. A cada testemunho, cada testemunha não deixa de encarnar, mais uma vez, essa definição absoluta do que é uma pessoa, *essa* pessoa, no extremo oposto do apagamento universal exercido no passado pela identificação coletiva. Na escolha dos depoimentos, chama a atenção sempre o caráter único da relação que existe entre a voz e as palavras que estão sendo ditas.

Chegamos, assim, a um ponto muito particular, nesse terreno difícil em que estamos metidos desde o início: entre a arte e a história. O encontro de voz e palavra constitui exatamente aquilo que permite o testemunho. Um testemunho possível, por isso mesmo, daquilo que é irrepresentável. E isso faz de nós todos, também, que estamos assistindo, isso nos torna ouvintes deste testemunho. Condenados a ouvir, e a sofrer o trauma secundário de um testemunho da testemunha.

Dissemos no início que esse evento tem repercussões muito fortes, muito significativas não só para a história, mas para a produção da arte em geral, até hoje, mesmo em vertentes de outra natureza, que não fazem qualquer referência à *Shoah*.

Pode-se dizer mais: talvez só assim se possa entender, agora, num sentido completamente novo, a frase do grande crítico vitoriano Walter Pater, para quem "todas as artes aspiram constantemente à condição de música".

Sobre o Autor

Arthur Nestrovski (Porto Alegre, 1959) é articulista da *Folha de S.Paulo*, onde escreve sobre literatura e música desde 1992. Autor de *Debussy e Poe* (1986, Prêmio Jabuti), *Ironias da Modernidade* (1996), *Notas Musicais* (2000), *Três Canções de Tom Jobim* (com Lorenzo Mammì e Luiz Tatit, 2004) e *Outras Notas Musicais* (2009), organizou as antologias *Figuras do Brasil* (2001), *Música Popular Brasileira Hoje* (2002), *Em Branco e Preto – Artes Brasileiras na* Folha, *1990-2003* (2004), *Aquela Canção – 12 Contos Para 12 Músicas* (2005, Prêmio UBE) e *Lendo Música – 10 Ensaios Sobre 10 Canções* (2007), entre outros livros.

Editor da PubliFolha desde 1999, foi professor titular na pós-graduação em comunicação e semiótica da PUC/SP (1991-2005) e palestrante convidado em diversas instituições brasileiras e estrangeiras (como USP, Unicamp, Unesp, Johns Hopkins University e The Salzburg Seminar). Escreveu também nove livros para crianças; entre eles, *O Livro da Música* (2000) e *Bichos que Existem e Bichos que Não Existem* (2002, Prêmio Jabuti de "Livro do Ano").

Em 2004, voltou à atividade musical como violonista e compositor, apresentando-se e gravando com artistas como Zé Miguel Wisnik, Zélia Duncan e Tom Zé, entre outros, no Brasil e no exterior. De lá para cá, lançou os CDs *Jobim Violão* (2007; reedição 2009) e *Tudo o que Gira Parece a Felicidade* (2007), além de dois DVDs e trilhas para espetáculos de dança; fez também a direção musical do programa *Vila Sésamo*, da TV Cultura. Suas composições e letras têm sido interpretadas por artistas como Maria João Pires, Jussara Silveira, Ná Ozzetti, André Mehmari, Ricardo Castro, Suzana Salles, Celso Sim, Izabel Padovani e Teatro Oficina, entre outros.

Título	*Palavra e Sombra – Ensaios de Crítica*
Autor	Arthur Nestrovski
Editor	Plinio Martins Filho
Produção Editorial	Aline Sato
Capa	Tomás Martins
Ilustração da Capa	Henrique Xavier
Revisão	Plinio Martins Filho
Editoração Eletrônica	Daniel Lopes Argento
	Daniela Fujiwara
Formato	12,5 x 20,5 cm
Tipologia	Minion Pro
Papel	Cartão Supremo 250 g/m^2 (capa)
	Pólen Soft 80 g/m^2 (miolo)
Número de Páginas	168
Impressão e Acabamento	Corprint